KUVUNJA NGOME

Mwongozo wa Kibiblia wa kukabiliana na kushinda vizuizi vya kiroho, kihisia, na kimaisha

Dr. Maxwell Shimba

Shimba Publishing, LLC.

Shimba Theological Institute

JEDWALI LA YALIYOMO

KUELEWA NGOME

Ngome ni dhana inayotumika katika Maandiko na maisha ya kila siku kuashiria maeneo ya ulinzi au nguvu, lakini pia inaweza kuwakilisha vikwazo vya kiroho na kihisia vinavyotuzuia kufikia uhuru wa kweli katika Mungu. Ili kuelewa vizuri ngome, tunapaswa kuzitazama kutoka katika vipengele viwili vikuu: kimwili na kiroho.

Maana ya Ngome

Katika muktadha wa kimwili, ngome zinaweza kufasiriwa kama majengo au maeneo yaliyotengenezwa ili kutoa ulinzi dhidi ya maadui. Katika historia ya Biblia, tunapata mifano kama vile mji wa Yeriko, ambao ulijulikana kwa kuta zake imara, au ngome ya Daudi, ambayo ilitumika kama mahali pa hifadhi na usalama. Ngome hizi zilitumika kuzuia shambulio la adui, lakini wakati mwingine zilikuwa pia maeneo ya kifungo, mahali ambapo uhuru wa watu ulizuiliwa.

Kwa upande wa kiroho, ngome zinawakilisha mifumo ya fikra, mitazamo, au dhambi ambazo zinaweza kuathiri maisha yetu na kutuzuia kufurahia uhusiano wa kina na Mungu. Hizi ni zile maeneo ndani ya akili au mioyo yetu ambapo adui anaweza kujenga ulinzi, akiweka vikwazo vinavyotuzuia kufikia ukuaji wa kiroho.

Kwa Nini Kushughulikia Ngome ni Muhimu?

Ngome za kiroho haziwezi kupuuzwa, kwani mara nyingi huwa chanzo cha vita vya ndani vinavyotufanya tushindwe kusonga mbele kiroho. Zinaweza kuja kwa njia ya mashaka, hofu, kiburi, au hata tabia zinazotuzuia kuwa huru ndani ya Kristo. Tunaposhindwa kushughulikia ngome hizi, tunajikuta tukizuiliwa na minyororo ya kiroho ambayo huzuia maendeleo yetu na kusababisha maisha yetu yawe mbali na mapenzi ya Mungu.

Biblia inatufundisha kuwa tunaweza kushinda ngome hizi kupitia nguvu za kiroho. Kama Paulo alivyoandika katika **2 Wakorintho 10:3-5**, silaha tunazotumia hazitokani na ulimwengu huu, bali zina nguvu za kiroho za kubomoa ngome. Tunaposhughulikia ngome zetu kwa msaada wa Mungu, tunaweza kufungua njia ya ukuaji, uhuru, na uhusiano wa kina na Yeye.

Muhtasari wa Kitabu

Kitabu hiki kinanuia kuwasaidia waumini kutambua na kushughulikia ngome, kwa kutumia Neno la Mungu kama mwongozo wa vitendo. Katika Sura Ya zinazofuata, tutachunguza mifano ya kibiblia ya ngome, jinsi zinavyoathiri maisha yetu, na mbinu za kiroho za kuzivunja. Tutaangazia umuhimu wa maombi, imani, na jumuiya ya waumini kama nyenzo muhimu za kushinda ngome.

Hii ni safari ya kuelekea uhuru na mageuzi, safari inayohitaji kujisalimisha kwa Mungu na kutumia silaha za kiroho zinazotolewa kupitia Neno lake. Tumeitwa kuwa huru katika Kristo, na kitabu hiki ni mwongozo wa kufanikisha lengo hilo.

Kwa Nini Kushughulikia Ngome ni Muhimu kwa Ukuaji wa Kiroho

Ngome, iwe za kimwili au za kiroho, mara nyingi huwa vikwazo vya ukuaji wa mtu binafsi. Katika maisha ya kiroho, ngome za kiroho zinaweza kuwa vizuizi vikubwa vinavyotuzuia kufikia kilele cha uhusiano wetu na Mungu. Kushughulikia ngome hizi si chaguo bali ni hitaji muhimu kwa kila muumini anayetamani kukua kiroho na kuishi maisha yaliyojaa ushindi na uhuru ndani ya Kristo.

Ngome kama Vizuizi vya Kiroho

Ngome za kiroho zinaweza kuwa tabia, mitazamo, au mfumo wa fikra unaokinzana na mapenzi ya Mungu. Hizi ngome haziingii ghafla, bali mara nyingi hujengwa polepole kupitia dhambi za mara kwa mara, majeraha ya kihisia, au uongo wa adui ambao tunaruhusu kujikita ndani ya akili zetu. Zinaweza kuwa dhambi kama kiburi, hofu, mashaka, au hata hali ya kushindwa kuachilia mambo ya zamani. Ngome hizi hufanya kazi kama minyororo ya kiroho, ambayo inatuzuia kuendelea mbele na kufurahia uhuru ambao Kristo ametupa.

Athari za Ngome kwa Maisha ya Kiroho

Ngome zinapobaki bila kushughulikiwa, zinaweza kusababisha madhara makubwa katika maisha yetu ya kiroho:

1. **Kukosa Ukuaji wa Kiroho**: Ngome hutufanya kuwa mateka wa hali fulani za kiroho, zikizuia maendeleo yetu. Hii inasababisha maisha ya kiroho yawe ya mzunguko usio na maendeleo.
2. **Kuvunjika kwa Uhusiano na Mungu**: Ngome hutuondoa kwenye njia ya haki, zikizuia mawasiliano yetu ya dhati na Mungu. Dhambi au hofu zinazoendelea huzuia uzoefu wa uwepo wa Mungu katika maisha yetu.
3. **Kupoteza Ushuhuda**: Ngome zinazotawala maisha yetu huathiri ushuhuda wetu kwa wengine. Wakati tunaposhindwa kushinda changamoto zetu za kiroho, tunakuwa na ugumu wa kuwahimiza wengine kufuata njia ya Kristo.

Umuhimu wa Kushughulikia Ngome

Biblia inasisitiza umuhimu wa kushughulikia ngome ili tuweze kufurahia uhuru ndani ya Kristo. Katika **2 Wakorintho 10:3-5**, tunakumbushwa kuwa vita vyetu si vya mwili, bali ni vya kiroho. Silaha tunazotumia zina nguvu za kubomoa ngome, na tuna mamlaka ya kuchukua mateka kila wazo na kulifanya kuwa mtiifu kwa Kristo.

Kushughulikia ngome ni muhimu kwa sababu:

1. **Hutuweka Huru**: Tunapovunja ngome, tunajikuta huru kutokana na minyororo ya

kiroho inayotuzuia. Uhuru huu hutupa nafasi ya kuishi maisha ya ushindi yaliyojaa nguvu na baraka za Mungu.

2. **Huimarisha Imani Yetu**: Vita vya kiroho vinaposhindwa, imani yetu kwa Mungu inaongezeka, tukitambua nguvu za Neno Lake na maombi.

3. **Hutufanya Kuwa Chombo cha Mungu**: Tunapokuwa huru kutoka kwenye ngome, tunakuwa chombo bora cha kumtumikia Mungu na kuwa baraka kwa wengine.

Kushughulikia ngome ni hatua muhimu kwa kila anayetamani ukuaji wa kiroho. Ni mchakato wa kujitahidi kila siku, wa kutegemea nguvu za Mungu, na wa kutumia silaha za kiroho alizotupatia. Kitabu hiki ni mwongozo wa vitendo utakaoonyesha jinsi ya kutambua, kukabiliana, na kuvunja ngome ili kufikia uhuru wa kweli ndani ya Kristo. Safari ya uhuru ni safari ya ukuaji wa kiroho, na safari hiyo inaanza na uamuzi wa kushughulikia ngome zinazotuzuia leo.

Andiko Kuu - 2 Wakorintho 10:3-5

Katika safari ya kiroho, Biblia inatufundisha kwamba maisha ya muumini yanahusisha vita vya kiroho. Vita hivi havipigwi kwa kutumia silaha za ulimwengu, bali kwa silaha za kiroho ambazo Mungu ametupatia ili kubomoa ngome za kiroho zinazotuzuia kuishi maisha ya ushindi ndani ya Kristo. Andiko kuu linalotuongoza katika kuelewa vita hivi vya kiroho ni **2 Wakorintho 10:3-5**, ambapo Mtume Paulo anasema:

"Ingawa tunaishi katika mwili, hatufanyi vita kwa jinsi ya mwili. Kwa maana silaha za vita vyetu si za mwili, bali zina nguvu katika Mungu za kuangusha ngome. Tukiangusha mawazo na kila kitu kilichoinuka kinyume cha maarifa ya Mungu, tena tukiteka nyara kila fikra ipate kumtii Kristo."

Maana ya Silaha za Kiroho

Mtume Paulo anatufundisha kwamba, kama waumini, hatupaswi kushughulikia changamoto za kiroho kwa njia za kibinadamu. Silaha za ulimwengu – kama vile hekima ya kibinadamu, nguvu za kimwili, au maarifa ya kidunia – haziwezi kushinda vita vya kiroho. Badala yake, Mungu ametupa silaha maalum za kiroho ambazo zina uwezo wa kubomoa kila ngome iliyojengwa ndani ya akili na mioyo yetu.

Silaha hizi za kiroho ni pamoja na:

1. **Neno la Mungu**: Maandiko ni silaha yenye nguvu dhidi ya uongo wa adui. Tunapojifunza, kutafakari, na kulitumia Neno la Mungu, tunaweza kubomoa ngome za fikra potofu na dhambi zinazotuzuia.
2. **Maombi**: Maombi ni njia ya mawasiliano na Mungu ambayo huleta nguvu na mabadiliko. Kupitia maombi, tunaweza kuvunja minyororo ya kiroho na kupata ushindi dhidi ya nguvu za giza.
3. **Imani**: Imani ni silaha yenye nguvu inayoweza kuondoa hofu na mashaka, na kutuwezesha kumtumaini Mungu hata katikati ya changamoto kubwa.

Kubomoa Ngome za Kiakili

Ngome za kiroho mara nyingi hujengwa ndani ya akili zetu kupitia uongo, mashaka, hofu, au kiburi. Paulo anasema kwamba silaha za kiroho zina nguvu ya "kuangusha mawazo na kila kitu kilichoinuka kinyume cha maarifa ya Mungu." Hii ina maana kwamba lazima tutambue mawazo yoyote yasiyoendana na ukweli wa Mungu na tuyakabili kwa Neno Lake.

Kwa mfano, ikiwa mtu anaamini kwamba hawezi kusamehewa dhambi zake, hiyo ni ngome iliyojengwa na uongo wa adui. Lakini tunapokumbuka ahadi za Mungu katika Maandiko, kama vile **1 Yohana 1:9** inayosema, *"Tukiziungama dhambi zetu, yeye ni mwaminifu na wa haki hata atuondolee dhambi zetu na kutusafisha na udhalimu* *wote,"* tunavunja ngome hiyo ya uongo na kuishi katika ukweli wa neema ya Mungu.

Kuchukua Mawazo Mateka

Sehemu ya mwisho ya andiko hili inatufundisha kuchukua "mateka kila fikra ipate kumtii Kristo." Hii inaonyesha kwamba vita vya kiroho vimejikita ndani ya akili zetu, na kazi yetu ni kuhakikisha kwamba kila wazo linakubaliana na Neno la Mungu. Wazo lolote linaloleta hofu, mashaka, au kutokujithamini linapaswa kushughulikiwa na kubadilishwa na ukweli wa Maandiko.

Kwa mfano, wazo la "sitoshwi" linapaswa kupingwa na andiko kama **Wafilipi 4:13**, *"Nayaweza mambo yote katika yeye anitiaye nguvu."* Wazo la kushindwa linapaswa kubadilishwa na andiko kama **Yeremia 29:11**, *"Kwa maana nayajua mawazo ninayowawazia, asema Bwana, mawazo ya amani wala si ya mabaya, kuwapa tumaini siku zenu za mwisho."*

Umuhimu wa Vita vya Kiroho kwa Ukuaji wa Kiroho

Kushinda vita vya kiroho ni muhimu kwa sababu hutoa nafasi ya ukuaji wa kiroho. Ngome yoyote inayobaki ndani yetu bila kushughulikiwa inatuzuia kufurahia uhuru na ushindi ndani ya Kristo. Kwa kutumia silaha za kiroho, tunaweza kuvunja ngome, kuondoa kila wazo potofu, na kuishi maisha ya ushindi yanayompendeza Mungu.

2 Wakorintho 10:3-5 ni mwongozo muhimu kwa kila muumini anayetamani kushinda vita vya kiroho. Tunapojifunza kutumia silaha za kiroho – Neno la Mungu, maombi, na imani – tunapata nguvu ya kuvunja ngome na kuishi maisha ya uhuru. Kitabu hiki kitaonyesha jinsi ya kutumia Maandiko haya katika maisha ya kila siku ili kufanikisha mageuzi ya kiroho na kumtukuza Mungu. Vita ni halisi, lakini ushindi ni hakika kwa wale wanaotegemea nguvu za Mungu.

SURA YA 01

Ngome Katika Agano la Kale

Ngome, katika historia ya Biblia, mara nyingi zilikuwa sehemu za ulinzi zilizojengwa ili kutoa hifadhi na usalama kwa watu dhidi ya maadui. Hizi zilikuwa ngome za kimwili ambazo zilihusisha kuta kubwa, malango imara, na nafasi za kimkakati za ulinzi. Lakini, mbali na ngome za kimwili, Biblia pia inazungumzia ngome za kiroho – mifumo ya fikra, dhambi, au hali zinazotuzuia kuishi kwa uhuru wa kiroho. Katika sura hii, tutachunguza ngome za kimwili katika Agano la Kale, mafunzo yake ya kiroho, na jinsi dhana hii inavyotumika katika maisha ya leo.

Ngome za Kimwili Katika Nyakati za Biblia

Katika Agano la Kale, ngome za kimwili zilihusisha miji au maeneo yaliyolindwa kwa kuta nene, milango yenye nguvu, na walinzi walio tayari kukabiliana na adui. Ngome hizi zilijengwa kwa lengo la kutoa ulinzi dhidi ya majeshi ya wavamizi.

Mfano wa Yeriko

Yeriko ni mojawapo ya mifano maarufu ya ngome ya kimwili. Mji huu ulikuwa na kuta nene na imara ambazo zilionekana kuwa ngumu kuzivunja. Katika **Yoshua 6**, tunasoma jinsi Mungu alimwagiza Yoshua na Waisraeli kutembea kuzunguka mji huo kwa siku saba, huku wakipiga tarumbeta na kumwomba Mungu. Katika siku ya saba, kuta za Yeriko zilianguka kwa nguvu za Mungu, si kwa uwezo wa wanadamu.

Hii inatufundisha kwamba hata ngome zinazoonekana kuwa ngumu zaidi kuvunjika zinaweza kushindwa kwa kumtegemea Mungu. Mafundisho haya yanaonyesha kwamba nguvu za Mungu zinaweza kushinda vizuizi vya aina yoyote, iwe vya kimwili au vya kiroho.

Ngome ya Daudi

Mfano mwingine wa ngome za kimwili ni **ngome ya Daudi**, iliyotajwa katika **2 Samweli 5:7**. Daudi aliteka ngome ya Sayuni, ambayo baadaye ikawa mji wa Yerusalemu. Ngome hii iliwakilisha usalama wa kimwili na uthibitisho wa ushindi wa Mungu kupitia Daudi.

Ngome ya Daudi pia ni ishara ya jinsi Mungu huwapa watu wake ushindi katika mazingira magumu. Inatufundisha umuhimu wa kumtegemea Mungu kama ngome yetu ya kweli, badala ya kutegemea nguvu za kibinadamu au miundo ya kimwili.

Ngome za Kiroho

Mbali na ngome za kimwili, Biblia pia inazungumzia ngome za kiroho. Ngome za kiroho ni mifumo ya fikra, dhambi, au hali zinazotuzuia kuendelea kiroho. Mtume Paulo katika **2 Wakorintho 10:3-5** anaelezea kwamba silaha za kiroho ni za kubomoa ngome kama hizi.

Ngome za kiroho zinaweza kuwa:

1. **Kiburi**: Mtazamo wa kujiona bora au kutokuwa na haja ya Mungu.
2. **Hofu na Mashaka**: Mawazo yanayotufanya tushindwe kumwamini Mungu kikamilifu.
3. **Dhambi za Mazoea**: Tabia zinazotufanya tuishi mbali na mapenzi ya Mungu.

Kwa mfano, **Mwanzo 4:7** inazungumzia jinsi dhambi inavyoweza "kulingojea mlangoni" na kuwa ngome ikiwa hatuitiishe. Tunapokosa kushughulikia ngome hizi, zinakuwa kikwazo cha ukuaji wa kiroho na hutuzuia kufikia mpango wa Mungu maishani mwetu.

Ngome Katika Maisha ya Sasa

Ingawa ngome za kimwili kama zile za Yeriko na Daudi si za kawaida katika maisha ya leo, dhana ya ngome bado inahusika sana. Katika ulimwengu wa kisasa, ngome zinaweza kuwakilisha hali za kihisia, kijamii, au kiroho ambazo zinatuzuia kufikia malengo yetu.

1. **Ngome za Kibinafsi**: Mawazo hasi kama "siwezi" au "sitoshi" yanaweza kuwa ngome zinazotuzuia kufikia uwezo wetu kamili.
2. **Ngome za Kijamii**: Mfumo wa jamii unaotutenganisha na Mungu, kama vile utegemezi wa mali za kidunia au ushawishi mbaya wa marafiki.
3. **Ngome za Kiroho**: Dhambi za siri au mazoea mabaya ambayo hatuyakabidhi kwa Mungu.

Kama ilivyo katika Biblia, ngome hizi zinaweza kuvunjwa kwa msaada wa Mungu. Tunapomruhusu Mungu kuwa nguvu yetu kuu, tunapata uwezo wa kushinda changamoto hizi.

Mafundisho ya Kiroho Kutoka Katika Ngome

Ngome za kimwili katika Biblia zinafunua ukweli wa kiroho unaotufundisha mambo muhimu:

1. **Kumtegemea Mungu**: Ushindi wa Waisraeli dhidi ya Yeriko ulitokana na utii wao kwa maagizo ya Mungu. Hii inatufundisha kuwa ushindi wa kiroho unakuja tunapomtii Mungu kikamilifu.
2. **Nguvu za Maombi**: Kama tarumbeta zilivyotumika katika Yeriko, maombi ni silaha yenye nguvu ya kiroho inayoweza kubomoa ngome za kiroho.
3. **Ushirika na Mungu**: Ngome ya Daudi ni mfano wa jinsi Mungu hutoa usalama wa kiroho kwa wale wanaomtegemea. Mungu ndiye ngome yetu ya kweli, na tunapaswa kumtafuta kama kimbilio letu.

Ngome, iwe za kimwili au za kiroho, zina nafasi muhimu katika historia ya Biblia na maisha yetu leo. Tunapojifunza kutoka kwa mifano kama Yeriko na ngome ya Daudi, tunagundua kwamba Mungu ndiye anayetoa ushindi wa kweli. Katika maisha ya sasa, tunapaswa kushughulikia ngome za kiroho zinazotuzuia kupitia nguvu za Neno la Mungu, maombi, na imani. Mungu ameahidi kuwa ngome yetu na nguvu yetu katika kila hali (**Zaburi 46:1**), na tunapaswa kumtegemea ili kuishi maisha ya ushindi na uhuru wa kiroho.

Jinsi Ngome za Kimwili Zinavyosimamia Ulinzi na Utumwa

Ishara na Mafundisho ya Kiroho

Katika Biblia, miji na ngome za kimwili zina maana ya ndani inayozidi sura ya nje ya ujenzi wake. Zinawakilisha zaidi ya maeneo ya ulinzi; mara nyingi hutoa picha ya hali za kiroho, kiakili, na kijamii. Katika sura hii, tutaangalia jinsi ngome za kimwili zinavyosimamia ulinzi na wakati mwingine pia utumwa, na pia jinsi tunaweza kutumia ishara hizi kuelewa mafundisho ya kiroho katika maisha yetu ya leo.

Ngome kama Ishara ya Ulinzi

Ngome katika Biblia zilijengwa ili kutoa usalama kwa watu wake. Mara nyingi, zilijengwa juu ya milima au sehemu za juu ili kuwa na mtazamo mzuri wa maadui na kutoa kinga dhidi ya mashambulizi. Mfano mzuri ni **Yerusalemu**, ambao ulikuwa mji wenye ngome na uliotajwa mara nyingi kama "mji wa Mungu" kwa sababu ya umuhimu wake wa kiroho na kimwili.

Ngome hizi za kimwili zilisimamia ulinzi wa:

1. **Mali ya Watu**: Watu walihifadhi mali zao ndani ya ngome na miji.
2. **Uhai wa Watu**: Ngome zilitoa kinga dhidi ya mashambulizi ya majeshi ya maadui.
3. **Utambulisho wa Kijamii**: Kuwa na ngome ilionyesha nguvu na ustawi wa taifa.

Mfano wa Yeriko

Yeriko, mji wenye kuta kubwa na imara, ni mfano bora wa ngome iliyojengwa kwa lengo la ulinzi wa kimwili. Katika **Yoshua 6**, tunasoma jinsi Waisraeli walivyokabiliana na mji huu kwa msaada wa Mungu. Kuta hizi zilikuwa ishara ya nguvu na usalama wa Yeriko, lakini pia zilikuwa kikwazo kwa mpango wa Mungu kwa Waisraeli.

Somo la kiroho:

Hata katika maisha yetu, tunapojenga "ngome" za kihisia au za kijamii ili kujilinda, tunaweza pia kuzuia Mungu kuingia na kuleta mageuzi. Kuta zinazolinda zinaweza pia kuwa vikwazo.

Ngome kama Ishara ya Utumwa

Ngome za kimwili, ingawa zilibuniwa kwa ajili ya ulinzi, mara nyingine zilikuwa ishara ya kifungo na utumwa. Wakati watu walifungiwa ndani ya ngome hizi, walitegemea kabisa kuta hizo kwa ajili ya ulinzi wao, na mara nyingine kuta hizo zilikuwa chanzo cha upotevu wao.

Mfano wa Sodom na Gomora

Sodom na Gomora, ingawa hazikuwa ngome kwa maana ya kuta, zilikuwa miji yenye mifumo ya kijamii iliyokuwa kama "ngome" za maadili potovu na dhambi. Katika **Mwanzo 19**, miji hii iliharibiwa na Mungu kwa sababu ya uasi wao mkubwa. Ishara hapa ni kwamba ngome au miji inaweza pia kuwa mahali pa utumwa wa kiroho pale ambapo watu wanajifungia ndani ya dhambi na kukataa mwongozo wa Mungu.

Somo la kiroho:

Miji na ngome zilizokuwa na ulinzi mkubwa mara nyingi zeligeuka kuwa maeneo ya upotovu na uasi dhidi ya Mungu. Hii inatufundisha kuwa kile tunachotegemea kwa ajili ya ulinzi, kama utajiri au nguvu za kibinadamu, kinaweza kuwa chanzo cha utumwa kiroho.

Ishara ya Kibiblia: Ulinzi au Kikwazo?

Ngome za kimwili zinapotajwa katika Biblia, zinaelezwa mara mbili:

1. **Kama kimbilio la ulinzi**: Kama vile ngome ya Daudi ilivyokuwa mahali pa hifadhi na usalama (**Zaburi 18:2**: *"Bwana ni jabali langu na ngome yangu, na mwokozi wangu; Mungu wangu, jabali langu nitakalemwelekea."*).
2. **Kama kifungo cha utumwa**: Wakati ngome hizo zinapotegemewa kupita kiasi na kusababisha watu kuacha kumtegemea Mungu.

Mfano mwingine ni Waisraeli walipokosa kumtegemea Mungu na kuanza kutegemea nguvu za kijeshi na kuta za miji yao, walisahau kwamba Mungu ndiye ngome yao ya kweli. Katika **Yeremia 17:5**, Mungu anaonya: *"Amelaaniwa mtu amtegemeaye mwanadamu, na kumfanya mwanadamu kinga yake."*

Mafundisho ya Kiroho kutoka kwa Ngome

Ngome za kimwili zinatoa funzo muhimu kwa maisha yetu ya kiroho. Tunapochunguza mifano ya kibiblia, tunajifunza kwamba:

1. **Ngome zinaweza kuwa Baraka au Laana**

Ngome zinapojengwa kwa msingi wa kumtegemea Mungu, huwa baraka. Lakini ngome zinazotegemea nguvu za kibinadamu pekee huishia kuwa laana.

2. **Kumtegemea Mungu Kama Ngome Yetu**

Biblia inatufundisha kwamba Mungu ndiye ngome yetu ya kweli. Katika **Zaburi 46:1**, tunasoma: *"Mungu ni kimbilio letu na nguvu yetu, msaada utakaoonekana tele wakati wa mateso."*

3. **Kujenga Uhusiano wa Dhati na Mungu**

Ngome za kiroho kama hofu, mashaka, na kiburi zinaweza kutuzuia kuwa na uhusiano wa karibu na Mungu. Lazima tuvunje ngome hizi kwa msaada wa Neno la Mungu na maombi ili kufikia uhuru wa kiroho.

Ngome Katika Maisha ya Kisasa

Katika maisha ya leo, "ngome" zinaweza kuchukua umbo la vitu kama vile:

1. **Hali za Kifedha**: Kujifungia kwenye ulinzi wa mali badala ya kumtegemea Mungu.
2. **Hofu za Kijamii**: Kujenga "kuta" za kijamii ili kuepuka maumivu au changamoto za maisha.
3. **Mitazamo Hasi**: Kufungiwa kwenye dhana za hofu, kiburi, au mashaka ambayo yanazuia ukuaji wa kiroho.

Kwa kumtegemea Mungu kama ngome yetu, tunaweza kushinda hali hizi na kuishi kwa uhuru wa kiroho.

Ngome za kimwili katika Biblia ni ishara ya kina inayowakilisha ulinzi na wakati mwingine utumwa. Mafundisho yake ya kiroho ni kwamba tunapaswa kumtegemea Mungu kama ngome yetu ya kweli. Katika ulimwengu wa leo, tunakutana na "ngome" nyingi zinazoweza kutufanya tuwe salama au kutufanya kuwa watumwa wa hali fulani. Mafanikio ya kiroho yanapatikana tunapovunja ngome za kiroho na kumweka Mungu kama msingi wa maisha yetu. Kama vile Zaburi 9:9 inavyosema: *"Bwana atakuwa ngome ya walioonewa, ngome wakati wa taabu."*

Mfano: Kutegemea kwa Waisraeli Kwa Mungu ili Kushinda Miji Yenye Ngome

Ngome ni sehemu zilizofanyiwa maboresho ya ulinzi, mara nyingi zikitumika kama kinga dhidi ya maadui. Katika Biblia, ngome hizi zinatajwa mara nyingi katika muktadha wa mikakati ya kijeshi na ulinzi. Kwa upande wa kiroho, ngome pia zinaweza kuwakilisha maeneo ya hifadhi au kifungo, kulingana na jinsi yanavyotumiwa.

Waisraeli, watu wa Mungu waliochaguliwa, walitegemea uongozi wa Mungu ili kushinda miji yenye ngome imara walipokuwa wanatafuta kufikia Nchi ya Ahadi. Ushindi wao haukutokana na nguvu za kijeshi au mipango ya kibinadamu bali kupitia nguvu na maagizo ya Mungu. Katika sura hii, tutachunguza mifano ya kibiblia ya jinsi Waisraeli walivyotegemea Mungu kushinda ngome na jinsi tunavyoweza kutumia mafundisho haya katika maisha yetu ya kiroho leo.

Ngome kama Ishara ya Ulinzi

Biblia mara nyingi hutumia picha ya ngome kuelezea ulinzi wa Mungu kwa watu wake. **Zaburi 18:2** inasema: *"Bwana ni jabali langu, ngome yangu, na mwokozi wangu. Mungu wangu ni jabali langu, nimtakaye kimbilia, ngao yangu, na pembe ya wokovu wangu, ngome yangu."*

Katika aya hii, ngome ni ishara ya usalama na ulinzi kamili unaotolewa na Mungu. Waisraeli walijifunza mara kwa mara kwamba nguvu zao za kibinadamu hazikuwa za kutosha kushinda changamoto, bali walihitaji kumtegemea Mungu kabisa ili kupata ushindi wa kweli.

Mfano: Ushindi wa Yeriko

Moja ya mifano maarufu zaidi ya kutegemea Mungu kushinda mji wenye ngome ni ushindi wa Yeriko, uliotajwa katika **Yoshua 6**. Yeriko ulikuwa mji wenye ngome imara na kuta nene ambazo zilionekana haiwezekani kuvunjwa kwa nguvu za kibinadamu. Mungu alimpa Yoshua maagizo maalum yasiyo ya kawaida:

1. Waisraeli walipaswa kuzunguka mji huo mara moja kila siku kwa siku sita mfululizo.
2. Katika siku ya saba, walizunguka mji mara saba, huku makuhani wakipiga tarumbeta na watu wakipaza sauti za shangwe.

Katika hatua hizi rahisi za utii, Mungu alionyesha kwamba ushindi hauhitaji silaha za kibinadamu, bali unategemea nguvu za Mungu. Kuta za Yeriko zilianguka, na Waisraeli walipata ushindi mkubwa.

Mafundisho ya Kiroho:

- Ushindi wetu hauko kwenye nguvu zetu wenyewe, bali katika utii kwa maagizo ya Mungu.
- Mungu anaweza kubomoa ngome yoyote inayoonekana kuwa haiwezekani katika maisha yetu ikiwa tutamtegemea kikamilifu.

Mfano: Ushindi Dhidi ya Miji Mingine

Waisraeli walikabiliana na miji mingine yenye ngome wakati wa safari yao kuelekea Nchi ya Ahadi. Katika kila hatua, Mungu aliwapa ushindi walipomtegemea. Mfano mwingine ni ushindi dhidi ya miji ya Waamori kama ilivyoelezwa katika **Yoshua 10:8-11**, ambapo Mungu alileta mvua ya mawe kutoka mbinguni kuwashinda maadui wa Waisraeli.

Mafundisho ya Kiroho:

- Mungu hufanya kazi kwa njia za kimiujiza ili kushinda maadui wa watu wake.
- Ngome za maadui, hata zikiwa na nguvu gani, haziwezi kushindana na nguvu za Mungu.

Ngome kama Ishara ya Utumwa wa Kiroho

Mbali na kuwa maeneo ya hifadhi, ngome zinaweza pia kuwakilisha maeneo ya dhambi au upinzani wa kiroho yanayohitaji kushindwa. Mtume Paulo anaelezea katika **2 Wakorintho 10:4** kwamba silaha za vita vyetu si za kimwili, bali zina nguvu za Mungu kubomoa ngome za kiroho. Hizi ngome zinaweza kuwa:

1. **Mawazo Potofu**: Fikra zinazotuzuia kumtegemea Mungu kikamilifu.
2. **Dhambi za Mara kwa Mara**: Tabia au mazoea yanayojenga ukuta kati yetu na Mungu.
3. **Hofu na Mashaka**: Vizuizi vya kiroho vinavyotuzuia kuamini ahadi za Mungu.

Kwa Waisraeli, utegemezi wao kwa Mungu ulifundisha somo muhimu: dhambi ya kutomwamini Mungu inaweza kuwa ngome ambayo lazima ivunjwe ili kufurahia baraka za Mungu.

Ngome Katika Maisha ya Sasa

Kama ilivyokuwa kwa Waisraeli, maisha yetu ya kiroho yanahusisha vita dhidi ya ngome mbalimbali. Ngome hizi zinaweza kuchukua umbo la vikwazo vya kihisia, kihisia, au kijamii vinavyotuzuia kufikia ukuaji wa kiroho.

1. **Ngome za Hofu**: Tunaweza kukumbwa na hofu zinazotuzuia kuchukua hatua za imani.

2. **Ngome za Dhambi za Mazoea**: Tabia ambazo zimejikita katika maisha yetu na zinahitaji nguvu za Mungu kuvunjwa.

3. **Ngome za Mawazo Potofu**: Dhana zinazopingana na Neno la Mungu.

Suluhisho: Kama Waisraeli, tunapaswa kumtegemea Mungu kuvunja ngome hizi kupitia maombi, imani, na utiifu kwa Neno Lake.

Kutegemea kwa Waisraeli kwa Mungu kushinda miji yenye ngome ni somo kubwa la kiroho kwa kila muumini leo. Ngome za kimwili katika Biblia zinaonyesha jinsi tunavyoweza kushinda changamoto za kiroho zinazoonekana kuwa kubwa. Mungu alionyesha nguvu zake kupitia ushindi wa Waisraeli dhidi ya Yeriko na miji mingine, akithibitisha kwamba ushindi wa kweli unakuja tunapomtegemea Yeye.

Katika maisha yetu, lazima tukumbuke kuwa Mungu ndiye ngome yetu ya kweli, kama **Zaburi 18:2** inavyosema. Kupitia nguvu za Mungu, tunaweza kushinda ngome za kiroho zinazotuzuia, kama hofu, mashaka, na dhambi. Tunapomtii Mungu na kutegemea Neno Lake, tunapata ushindi wa kweli na kufurahia uhuru wa kiroho.

Somo la Kiroho – Kumwamini Mungu Kuvunja Kuta Maishani Mwetu

Katika maisha ya kiroho, mara nyingi tunakutana na "kuta za Yeriko" zinazotuzuia kufikia ahadi za Mungu. Hizi kuta zinaweza kuwa dhambi, hofu, tabia za mazoea, au mitazamo hasi inayotuzuia kuwa na uhusiano wa kina na Mungu. Katika sura hii, tutajifunza somo la kiroho juu ya jinsi ya kumwamini Mungu kuvunja kuta hizi, kwa kutumia mafundisho ya kibiblia na mifano kutoka Maandiko.

Kuta za Mwili na Kuta za Kiroho

Katika historia ya Biblia, Yeriko ilikuwa mji uliozingirwa na kuta imara. Kuta hizi ziliwakilisha vizuizi vya kimwili vilivyokuwa kati ya Waisraeli na Nchi ya Ahadi. Kwa upande wa kiroho, kuta zinawakilisha vizuizi vinavyotuzuia kufikia ukuaji wa kiroho. Mtume Paulo anataja baadhi ya "kazi za mwili" katika **Wagalatia 5:19-21** ambazo zinaweza kuwa kuta za kiroho, akisema:

"Basi matendo ya mwili ni dhahiri, nayo ni: uasherati, uchafu, ufisadi, ibada ya sanamu, uchawi, uadui, ugomvi, wivu, hasira, fitina, mafarakano, uzushi, husuda, uuaji, ulevi, ulafi, na mambo yanayofanana na hayo."

Hizi ni kuta zinazotutenganisha na Mungu, na lazima zivunjwe ili tuweze kuishi kwa uhuru wa kiroho.

---

1. KUONA NA KUTAMBUA KUTA NDANI YETU

Hatua ya kwanza katika kuvunja kuta ni kuziona na kuzitambua. Kama Waisraeli walivyoona kuta za Yeriko zikiwa kikwazo cha kufikia ahadi ya Mungu, nasi tunapaswa kutambua kuta zinazotuzuia leo.

Kuta hizi zinaweza kuwa:

- **Ukuta wa Tamaa**: Uasherati, uchafu, au ponografia zinavyotutenganisha na Mungu.
- **Ukuta wa Uchungu na Hasira**: Uchungu wa moyo unaharibu amani yetu na uhusiano wetu na wengine.
- **Ukuta wa Dhambi za Siri**: Tabia za dhambi ambazo tunashindwa kuacha licha ya juhudi nyingi.
- **Ukuta wa Hofu na Wasiwasi**: Mawazo yanayotufanya tushindwe kuamini nguvu za Mungu.
- **Ukuta wa Ubaguzi na Kiburi**: Kuwaona wengine kwa dharau kwa sababu ya dhambi zao tofauti na zetu.

Tunapozitambua kuta hizi, tunaweza kuchukua hatua ya kuzivunja. Kama Paulo alivyoandika katika **2 Wakorintho**

10:5, tunapaswa *"kubomoa mawazo yote na kila kitu kilichoinuka kinyume cha maarifa ya Mungu, na kuchukua mateka kila fikra ipate kumtii Kristo."*

2. KUJITENGA NA WATU WA JERICHO/DUNIA

Hatua ya pili ni kujitenga na maisha ya dhambi. Rahabu, kahaba wa Yeriko, alipata wokovu kwa sababu alichagua kujitenga na maisha ya watu wa Yeriko na kumwamini Mungu wa Waisraeli.

Tunapoishi ulimwenguni, tunapaswa kujiweka mbali na maisha ya dhambi, kama vile tunavyosomewa katika **Wakolosai 3:5-8**:

"Uweni basi viungo vya mwili wenu vilivyo duniani; uasherati, uchafu, tamaa mbaya, nia mbaya, na tamaa ya mali, ambayo ni ibada ya sanamu."

Uamuzi wa kuachana na dhambi ni hatua muhimu ya kuvunja kuta zinazotuzuia kufikia uhuru wa kiroho.

3. KUJISALIMISHA KWA AMRI ZA MUNGU

Kama Waisraeli walivyojisalimisha kwa maagizo ya Mungu walipozunguka kuta za Yeriko kwa utii kamili, nasi tunapaswa kujisalimisha kwa Mungu ili kuvunja kuta za kiroho maishani mwetu.

Utii kwa Neno la Mungu ni msingi wa kuvunja kuta hizi. Tunaposoma katika **Yakobo 4:7**, *"Jisalimisheni basi kwa Mungu. Mpingeni Ibilisi, naye atawakimbia."* Bila kujisalimisha kwa Mungu, hatuwezi kushinda vita vya kiroho.

Tunajifunza pia katika **1 Yohana 1:7**:

"Lakini tukienenda nuruni, kama yeye alivyo katika nuru, twashirikiana sisi kwa sisi, na damu ya Yesu, Mwana wake, yatusafisha dhambi yote."

Tunapojisalimisha kwa nuru ya Mungu, kuta za giza zinavunjwa, na tunapata uhuru wa kweli.

4. KUSIMAMA KATIKA USHINDI NA MUNGU

Baada ya kuta za Yeriko kuanguka, Waisraeli walichukua hatua za kushinda na kushikilia ushindi wao. Katika maisha yetu ya kiroho, lazima tukumbuke kwamba ushindi wetu uko ndani ya Kristo Yesu. Kama Paulo anavyosema katika **Warumi 6:14**, *"Kwa maana dhambi haitatawala juu yenu, kwa kuwa hamwi chini ya sheria, bali chini ya neema."*

Lazima tuchukue silaha za kiroho kama zilivyoelezwa katika **Waefeso 6:17**:

"Chukueni chapeo ya wokovu, na upanga wa Roho, ambao ni neno la Mungu."

Kupitia nguvu za Mungu, tunakuwa askari wa kiroho wenye ushindi dhidi ya kuta za dhambi na vizuizi.

5. KUJIFUNZA KUTOKA KWA RAHAB

Rahabu alipata baraka kubwa kutoka kwa Mungu kwa sababu ya imani yake. Jina lake liliwekwa katika ukoo wa Yesu Kristo, akionyesha kwamba Mungu anaweza kumtoa mtu yeyote kutoka kwa dhambi na kumfanya kuwa sehemu ya mpango wake mkuu.

Hii inatufundisha kwamba hakuna ukuta wa dhambi ulio mkubwa sana kwa Mungu kushindwa. Kama Mungu alivyojibu wito wa Rahabu, atajibu wito wetu tunapomwita: *"Niite, nami nitakuitikia, nami nitakuonyesha mambo makuu, magumu usiyoyajua."* (**Yeremia 33:3**)

Kuta za kiroho maishani mwetu, kama kuta za Yeriko, zinaweza kuonekana kuwa ngumu kuvunjika. Lakini kupitia kumwona Mungu kama ngome yetu, kujitenga na dhambi, kujisalimisha kwa amri zake, na kusimama katika ushindi wake, tunaweza kuvunja kila ukuta unaotuzuia.

Kama Waisraeli walivyoingia katika Nchi ya Ahadi baada ya kuta za Yeriko kuanguka, nasi tunaweza kuingia katika uhuru wa kiroho tunapomtegemea Mungu kuvunja kuta za maisha yetu. Ushindi uko ndani ya Yesu Kristo, na kupitia kwake, tunaweza kuishi maisha ya ushindi na neema.

Jinsi Tunavyoweza Kuhusisha Kuta za Yeriko na Maisha Yetu ya Kiroho Leo

Hadithi ya Yeriko kama inavyosimuliwa katika **Yoshua 6** ni mojawapo ya visa vya kushangaza vya ushindi wa Mungu kwa ajili ya watu wake. Yeriko, mji uliozungushiwa kuta nene na ngome za nguvu, ulikuwa kikwazo kikubwa kwa Waisraeli katika safari yao ya kufikia Nchi ya Ahadi. Hata hivyo, kwa kumtegemea Mungu, walishinda ngome hii kwa njia isiyo ya kawaida na kwa utii wa maagizo yake.

Katika maisha ya kiroho ya sasa, "kuta za Yeriko" zinaweza kuchukua umbo la vikwazo vya kiroho, kihisia, au kijamii vinavyotuzuia kufikia lengo ambalo Mungu ametuwekea. Katika sura hii, tutajifunza jinsi kisa cha Yeriko kinavyotufundisha kushughulikia changamoto za kiroho za leo na jinsi tunaweza kutumia somo hili katika safari yetu ya kiroho.

---

1. Yeriko kama Ishara ya Vikwazo vya Kiroho

Yeriko ilikuwa kikwazo kilichowazuia Waisraeli kuingia katika Nchi ya Ahadi. Katika maisha yetu ya sasa, kuta za Yeriko zinaweza kuwakilisha:

- **Dhambi za Siri**: Tabia au mazoea ambayo yanatufanya tujisikie hatia na kutuzuia kumkaribia Mungu.
- **Hofu na Wasiwasi**: Kuta za hofu zinazotuzuia kuchukua hatua za imani na kumwamini Mungu kwa kikamilifu.

- **Vijisababu**: Mawazo yanayotufanya tuamini kwamba hatuwezi kubadilika au kwamba Mungu hawezi kutusaidia.
- **Kutoamini**: Kukosa imani katika ahadi za Mungu au kuishi kwa kutegemea nguvu zetu badala ya neema yake.

Katika **2 Wakorintho 10:4**, Paulo anasema: *"Kwa maana silaha za vita vyetu si za mwili, bali zina nguvu katika Mungu za kuangusha ngome."*

Hii inaonyesha kwamba vikwazo vyetu vya kiroho, kama kuta za Yeriko, vinaweza kushindwa kwa nguvu za kiroho.

---

2. Utii kwa Maagizo ya Mungu

Moja ya mambo muhimu katika ushindi wa Yeriko ni utii wa Waisraeli kwa maagizo ya Mungu. Walifanya kile walichoagizwa—kuzunguka mji mara saba na kupiga tarumbeta, hata kama hatua hizo zingeonekana zisizo za kawaida kwa akili za kibinadamu.

Katika maisha ya sasa, Mungu pia hutupa maagizo kupitia Neno lake. Hatua za kiroho kama:

- Kusoma Biblia kwa bidii
- Kuomba bila kukoma
- Kufanya toba ya dhati
- Kuwapenda na kuwasamehe wengine

Hizi ni hatua za utiifu ambazo mara nyingi zinaweza kuonekana kuwa ndogo au zisizo za maana, lakini zina uwezo mkubwa wa kuvunja kuta za kiroho maishani mwetu.

Katika **1 Samweli 15:22**, tunakumbushwa kwamba: *"Bwana huzipenda sadaka za kuteketezwa na dhabihu kama kuitii sauti ya Bwana? Tazama, kutii ni bora kuliko dhabihu, na kusikiliza ni bora kuliko mafuta ya beberu."*

---

3. Nguvu ya Mungu na Ushindi wa Kiroho

Waisraeli hawangeweza kushinda Yeriko kwa nguvu zao wenyewe. Ushindi wao ulikuwa ni matokeo ya nguvu za Mungu zilizoingilia kati. Katika maisha yetu ya sasa, tunakabiliana na changamoto ambazo haziwezi kushindwa kwa nguvu za kibinadamu, lakini kwa msaada wa Mungu, hakuna kikwazo kisichoweza kushindwa.

Katika **Zekaria 4:6**, tunasoma:

"Si kwa uwezo, wala si kwa nguvu, bali ni kwa Roho yangu, asema Bwana wa majeshi."

Hii inatufundisha kwamba vita vya kiroho vinashindwa kwa kutegemea nguvu za Mungu badala ya juhudi zetu za kibinadamu.

---

4. Maombi na Imani Kama Silaha za Kiroho

Waisraeli walizunguka Yeriko huku wakiwa na imani kwamba Mungu atatimiza ahadi yake. Hii ni picha ya maombi na imani yetu leo. Wakati tunapomwomba Mungu kwa uaminifu na kumtumainia, tunatangaza ushindi juu ya kuta za kiroho zinazotuzuia.

Yesu alisema katika **Marko 11:23**:

"Amin, nawaambia, ye yote atakayeuambia mlima huu, Ng'oka ukatupwe baharini; wala asione shaka moyoni mwake, ila aamini kwamba hayo asemayo yatakuwa, yatatendeka kwake."

Hii inaonyesha nguvu ya imani na maombi katika kushinda changamoto kubwa zaidi maishani mwetu.

---

5. Kujifunza Kutoka kwa Rahabu

Rahabu, kahaba wa Yeriko, ni mfano mzuri wa mtu aliyechagua kumwamini Mungu hata katika hali ngumu. Rahabu alichukua hatua ya imani kwa kuwaficha wapelelezi wa Waisraeli na kuomba rehema kutoka kwa Mungu. Matokeo yake, yeye na familia yake waliokolewa, na Mungu alimweka katika ukoo wa Yesu Kristo (**Mathayo 1:5**).

Rahabu anatufundisha kwamba hakuna ukuta wa dhambi au maisha ya zamani ambao hauwezi kuvunjwa na neema ya Mungu. Tunapochukua hatua ya imani kama Rahabu, tunapata ukombozi na nafasi mpya ya maisha.

---

6. Kuzingatia Kuta za Yeriko za Sasa

Katika maisha yetu leo, kuta za Yeriko zinaweza kuwakilisha:

- **Utegemezi wa Vitu vya Dunia**: Mali, kazi, au uhusiano vinavyotuchukua mbali na Mungu.
- **Mitazamo Hasi**: Mawazo ya kushindwa au kutokuwa na tumaini.
- **Dhambi za Mazoea**: Tabia zinazotufanya tushindwe kuishi kwa haki.

Tunaweza kushinda kuta hizi kwa kumtegemea Mungu kupitia maombi, imani, Neno lake, na nguvu za Roho Mtakatifu.

Hadithi ya Yeriko ni somo kubwa la kiroho linalotufundisha kwamba hakuna kikwazo kikubwa sana kwa Mungu. Kuta za Yeriko zinaweza kuwakilisha changamoto za kiroho maishani mwetu, lakini kwa utii, maombi, imani, na nguvu za Mungu, tunaweza kuvunja kuta hizi na kuingia katika ahadi zake.

Ushindi wa Waisraeli dhidi ya Yeriko unathibitisha kwamba Mungu ni mwaminifu kwa ahadi zake, na tunapomtegemea Yeye, hakuna kikwazo kisichoweza kushindwa. Kama Zaburi 18:29 inavyosema:

"Kwa msaada wako naweza kupita jeshi, kwa msaada wa Mungu wangu naweza kuruka ukuta."

Tunapokabiliana na "kuta za Yeriko" leo, hebu tumtumainie Mungu kuzivunja na kutuongoza kuelekea uhuru na ushindi wa kiroho.

SURA YA 02

Ngome za Kiroho katika Agano Jipya

Mafundisho ya Paulo Kuhusu Vita vya Kiroho na Mapambano ya Akili

Ngome za kiroho ni vizuizi vya kiakili na vya kiroho vinavyopinga maarifa ya Mungu. Hizi ni mifumo ya mawazo au tabia ambayo imejikita ndani ya maisha ya mtu na inaweza kuzuia ukuaji wa kiroho. Mtume Paulo analizungumzia suala hili kwa undani katika **2 Wakorintho 10:3-5**, akisema: *"Ingawa tunaishi katika mwili, hatufanyi vita kwa jinsi ya mwili. Kwa maana silaha za vita vyetu si za mwili, bali zina nguvu katika Mungu za kuangusha ngome. Tukiangusha mawazo na kila kitu kilichoinuka kinyume cha maarifa ya Mungu, tena tukiteka nyara kila fikra ipate kumtii Kristo."*

Katika sura hii, tutajifunza kuhusu vita vya kiroho, mapambano ya akili, aina za ngome za kiroho, na jinsi ya kuzishinda kupitia nguvu za Mungu.

---

1. Vita vya Kiroho ni Nini?

Vita vya kiroho ni mapambano yanayoendelea kati ya nguvu za Mungu na nguvu za giza. Vita hivi havionekani kwa macho ya kimwili, lakini vinaathiri maisha yetu ya kiroho, maamuzi yetu, na hata ustawi wetu wa kiroho. Kama Paulo anavyosema katika **Waefeso 6:12**:

Kwa maana kushindana kwetu sisi si juu ya damu na nyama, bali ni juu ya falme na mamlaka, juu ya wakuu wa giza hili, juu ya majeshi ya pepo wabaya katika ulimwengu wa roho."

Hii inamaanisha kuwa vita hivi ni vya kiroho, na silaha za kibinadamu kama hekima ya kidunia, nguvu za kimwili, au mali hazina nguvu ya kushinda vita hivi. Badala yake, tunahitaji silaha za kiroho ambazo Mungu ametupatia.

---

2. Mapambano ya Akili

Akili ya mwanadamu ni uwanja wa vita wa kiroho. Ni mahali ambapo mawazo, tamaa, na maamuzi hutengenezwa. Paulo anasema katika **Warumi 12:2**:

"Msifuatishe namna ya dunia hii, bali mgeuzwe kwa kufanywa upya nia zenu, mpate kujua hakika mapenzi ya Mungu yaliyo mema, ya kupendeza, na ukamilifu."

Mapambano ya akili yanajumuisha:

- **Kushindana na Mawazo Potofu**: Mawazo ya uongo au yaliyopinga Neno la Mungu.
- **Kukabiliana na Hofu na Wasiwasi**: Hofu zinazotufanya tushindwe kumwamini Mungu kikamilifu.
- **Kushinda Dhambi za Mawazo**: Mawazo yanayojenga tamaa au nia mbaya dhidi ya wengine.

Akili yetu lazima iwe mahali pa kujazwa na ukweli wa Mungu kupitia Neno lake ili kushinda vita hivi.

---

3. Aina za Ngome za Kiroho

Ngome za kiroho zinaweza kugawanywa katika makundi matatu:

1. **Ngome za Kibinafsi**:

Hizi ni mifumo ya mawazo au tabia ambazo mtu binafsi amejenga. Mfano ni dhambi za siri, tabia za uraibu, au mtazamo wa kushindwa. Ngome hizi mara nyingi huzuia mtu kuwa na uhusiano wa karibu na Mungu.

2. **Ngome za Kitamaduni**:

Hizi ni mifumo ya kijamii au kitamaduni inayopinga maarifa ya Mungu. Mfano ni mazoea ya kidunia, uhusiano wa kidini wa uongo, au mifumo ya kijamii inayotukuza dhambi na kutojali.

3. **Ngome za Kikosmiki**:

Hizi ni nguvu za kiroho zinazoendesha ulimwengu wa giza, kama vile roho za uongo, ibada za kishetani, au nguvu za adui zinazotawala mataifa na jamii.

---

4. Jinsi ya Kupigana Vita vya Kiroho na Mapambano ya Akili

Kupigana vita vya kiroho na kushinda mapambano ya akili kunahitaji kutumia silaha za kiroho ambazo Mungu ametupatia.

a) Silaha za Kiroho

Katika **Waefeso 6:13-17**, Paulo anatufundisha kuhusu silaha za Mungu:

- **Mshipi wa Ukweli**: Kujua na kutangaza ukweli wa Neno la Mungu.
- **Dirii ya Haki**: Kuishi maisha ya haki yanayompendeza Mungu.
- **Viatu vya Injili ya Amani**: Kueneza Neno la Mungu na kuishi katika amani yake.

- **Ngao ya Imani**: Kuamini nguvu na ahadi za Mungu ili kuzima mishale ya moto ya adui.
- **Chapeo ya Wokovu**: Kulinda akili zetu kwa kujua kuwa sisi ni wa Mungu.
- **Upanga wa Roho**: Neno la Mungu kama silaha ya kushambulia.

b) Maombi na Maombi ya Maombezi

Maombi ni silaha kuu ya kiroho. Paulo anasema katika **Waefeso 6:18**:
"Mkiomba daima kwa Roho katika sala zote na maombi." Maombi yanavunja nguvu za adui na kutufanya kuwa na uhusiano wa karibu na Mungu.

c) Kutafakari na Kulitamka Neno la Mungu

Katika **Yoshua 1:8**, tunasoma:
"Kitabu hiki cha torati kisiondoke kinywani mwako, bali yatafakari maneno yake mchana na usiku." Kulijaza akili yetu na Neno la Mungu hutusaidia kupinga uongo wa adui.

d) Kujitakasa na Kujisalimisha kwa Mungu

Kujisalimisha kwa Mungu na kuachana na dhambi ni hatua muhimu ya kushinda vita vya kiroho. Kama Yakobo anavyosema:
"Jisalimisheni basi kwa Mungu. Mpingeni Ibilisi, naye atawakimbia." (**Yakobo 4:7**)

---

5. Ushindi wa Kiroho

Tunapopigana vita vya kiroho kwa nguvu za Mungu, tunahakikishiwa ushindi. Kristo tayari ameshinda nguvu za giza, na ushindi wetu uko ndani yake. Paulo anasema katika **Warumi 8:37**:

"Lakini katika mambo hayo yote tunashinda, na zaidi ya kushinda, kwa yeye aliyetupenda."

Tunaposhinda mapambano ya akili na ngome za kiroho, tunakuwa huru kuishi maisha yanayoonyesha utukufu wa Mungu.

Ngome za kiroho na vita vya kiroho ni sehemu ya maisha ya kila muumini. Kupitia mafundisho ya Paulo, tunajifunza kwamba ushindi unapatikana kwa kutumia silaha za kiroho na kutegemea nguvu za Mungu. Akili yetu ni uwanja wa vita, lakini kwa kujazwa na Neno la Mungu, maombi, na utii kwa Mungu, tunaweza kushinda mapambano haya na kuishi maisha ya ushindi.

Kama ilivyoandikwa katika **1 Yohana 4:4**:

"Ninyi watoto wadogo, mmetoka kwa Mungu, nanyi mmewashinda; kwa sababu yeye aliye ndani yenu ni mkuu kuliko yeye aliye katika dunia."

Ngome zote zinaweza kuvunjwa tunapomtegemea Mungu na kutumia silaha zake kwa uaminifu.

Asili ya Ngome za Kiroho – Kiburi, Hofu, Mashaka, Uraibu, na Dhambi

Ngome za kiroho ni vizuizi vya kisaikolojia, kihisia, na kiroho ambavyo vinatuzuia kuendana na mapenzi ya Mungu na kufurahia baraka zake kikamilifu. Ingawa si majenzi ya kimwili, ngome hizi ni mifumo ya fikra na tabia iliyoimarika ndani yetu, ambayo mara nyingi hujengwa kwa muda mrefu. Katika sura hii, tutaangalia kwa kina asili ya ngome za kiroho, jinsi zinavyoathiri maisha yetu ya kiroho, na hatua za kuzishinda.

1. Ngome za Kiroho ni Nini?

Ngome za kiroho ni dhana inayotokana na **2 Wakorintho 10:3-6**, ambapo Paulo anazungumzia vita vya kiroho na jinsi tunavyopaswa kubomoa kila ngome inayoinuka dhidi ya maarifa ya Mungu. Paulo anasema: *"Kwa maana ingawa tunaishi katika mwili, hatufanyi vita kwa jinsi ya mwili. Silaha za vita vyetu si za mwili, bali zina nguvu* *katika Mungu za kuangusha ngome, tukiangusha mawazo na kila kitu kilichoinuka kinyume cha maarifa ya Mungu, tena tukiteka nyara kila fikra ipate kumtii Kristo."*

Ngome hizi si za kimwili, bali ni mifumo ya fikra na tabia zinazotuzuia kumtii Mungu kikamilifu. Ni maeneo katika maisha yetu ambapo ni vigumu kumkaribisha Mungu.

---

2. Aina za Ngome za Kiroho

Ngome za kiroho mara nyingi zinafanyika kupitia tabia, mitazamo, au hisia zilizoimarika. Baadhi ya ngome za kiroho ni pamoja na:

a) Kiburi

Kiburi ni hali ya kujiona bora kuliko wengine au kutomtegemea Mungu. Kiburi hutuondoa kutoka kwenye unyenyekevu ambao Mungu anatufundisha na hutupeleka mbali na mapenzi yake. **Mithali 16:18** inasema: *"Kiburi hutangulia maangamizo, na roho ya kujikweza hutangulia kuanguka."*

b) Hofu

Hofu ni kikwazo cha kiroho kinachotufanya tushindwe kumwamini Mungu. Ni ngome inayotufanya tuishi kwa mashaka badala ya imani. **Isaya 41:10** inatufariji kwa kusema:
"Usiogope, maana mimi ni pamoja nawe; usifadhaike, maana mimi ni Mungu wako."

c) Mashaka

Mashaka yanapojenga ngome, yanazuia imani yetu kwa Mungu. Mawazo ya kutokuamini ahadi za Mungu yanaweza kuwa vizuizi vikubwa vya ukuaji wa kiroho. **Yakobo 1:6** inasema:

"Lakini na aombe kwa imani, pasipo shaka yoyote; maana mwenye shaka ni kama wimbi la bahari lililochukuliwa na upepo na kupeperushwa huku na huku."

d) Uraibu

Uraibu ni ngome inayotokana na mazoea mabaya yanayoshikilia maisha yetu. Inaweza kuwa uraibu wa pombe, madawa ya kulevya, ponografia, au hata vitu kama kazi kupita kiasi. Uraibu huu hutufanya tuwe watumwa wa dhambi badala ya kuwa huru ndani ya Kristo. **Yohana 8:36** inasema: *"Kwa hiyo, ikiwa Mwana atawakomboa, mtakuwa huru kweli kweli."*

e) Dhambi za Siri

Dhambi ambazo hatuwezi kuziacha, hata tunapojaribu mara kwa mara, hujenga ngome za kiroho. Hizi zinaweza kujumuisha wivu, hasira, uchoyo, au tamaa mbaya. **Zaburi 19:12** inasema:

"Ni nani awezaye kujua makosa yake? Ee Mungu, unitakase na mambo ya siri."

---

3. Athari za Ngome za Kiroho

Ngome za kiroho huathiri maisha yetu kwa njia nyingi, ikiwa ni pamoja na:

- **Kuzuia Ukuaji wa Kiroho**: Zinatushikilia kwenye dhambi na kushindwa kufikia ukomavu wa kiroho.
- **Kuvuruga Mahusiano**: Kiburi, hasira, au uchungu huchochea migogoro kati ya watu na kuharibu mahusiano.
- **Kukatisha Tumaini**: Ngome za hofu na mashaka hutufanya tushindwe kuamini ahadi za Mungu na kupoteza matumaini.

---

4. Hatua za Kuvunja Ngome za Kiroho

Ngome za kiroho haziwezi kuvunjwa kwa juhudi za kibinadamu pekee. Ni kupitia nguvu za Mungu, Neno lake, na maombi tunapata ushindi.

a) Kutambua Ngome Zilizo Ndani Yetu

Hatua ya kwanza ni kutambua maeneo ya maisha yetu ambapo tunaona vizuizi au vikwazo vya kiroho. Kama ilivyoandikwa katika **Zaburi 139:23-24**:

"Ee Mungu, nichunguze, unijue moyo wangu; unijaribu, uyajue mawazo yangu; ukaone kama iko njia yoyote mbaya ndani yangu, uniongoze katika njia ya milele."

b) Kutubu na Kuacha Dhambi

Toba ni hatua muhimu ya kuondoa ngome za kiroho. Lazima tukiri dhambi zetu na kuziacha. **1 Yohana 1:9** inasema:

"Tukiziungama dhambi zetu, yeye ni mwaminifu na wa haki hata atuondolee dhambi zetu, na kutusafisha na udhalimu wote."

c) Kutumia Neno la Mungu

Neno la Mungu ni silaha yenye nguvu dhidi ya ngome za kiroho. Kama ilivyoandikwa katika **Waefeso 6:17**, Neno la Mungu ni upanga wa Roho. Tunapaswa kulitafakari na kulitumia kama silaha ya kushinda uongo wa adui.

d) Maombi na Ushirika wa Kiroho

Maombi ya kila siku na kushirikiana na waumini wengine ni muhimu kwa kushinda ngome za kiroho. Katika **Yakobo 5:16**, tunasoma:

"Ungamianeni dhambi zenu ninyi kwa ninyi, na kuombeana, ili mpate kuponywa. Maombi ya mwenye haki yana nguvu nyingi, ya kazi yake."

e) Kujazwa na Roho Mtakatifu

Roho Mtakatifu ndiye anayetuongoza kwenye kweli yote. Kupitia uongozi wake, tunaweza kushinda tamaa za mwili na kuvunja ngome za kiroho. **Warumi 8:13** inasema: *"Kwa maana kama mkiishi kwa kufuata mwili, mtakufa; bali kama kwa Roho mwazifisha kazi za mwili, mtaishi."*

---

5. Ushindi Dhidi ya Ngome za Kiroho

Kuvunja ngome za kiroho ni mchakato wa kila siku wa kujisalimisha kwa Mungu na kutumia silaha za kiroho alizotupatia. Kama Paulo alivyoandika katika **Warumi 8:37**: *"Lakini katika mambo hayo yote tunashinda, na zaidi ya kushinda, kwa yeye aliyetupenda."*

Tunapomruhusu Mungu kuvunja ngome za maisha yetu, tunapata uhuru wa kweli na tunaukaribia moyo wa Mungu.

Ngome za kiroho ni vizuizi vinavyotuzuia kufikia ukamilifu wa maisha ya kiroho. Kupitia kutambua ngome hizi, kutubu, na kumtegemea Mungu, tunaweza kuvunja vizuizi hivi na kuishi maisha ya ushindi. **Yeremia 33:3** inatuhakikishia:

"Niite, nami nitakuitikia, nami nitakuonyesha mambo makuu, magumu usiyoyajua."

Kwa msaada wa Mungu, hakuna ngome inayoweza kusimama dhidi ya nguvu za Neno Lake na Roho Wake Mtakatifu.

Tofauti Kati ya Ngome za Kiroho na za Kimwili – Lakini Zote ni Halisi

Katika Biblia, ngome za kimwili na za kiroho zina nafasi maalum za kufundisha somo la kiroho. Ngome za kimwili, kama kuta za Yeriko, zilikuwa majenzi yanayoonekana kwa macho, yaliyolenga kulinda watu dhidi ya maadui. Ngome za kiroho, kwa upande mwingine, hazionekani kwa macho, bali ni mifumo ya mawazo, dhambi, na vizuizi vya kihisia vinavyotuzuia kufikia ukamilifu wa maisha ya kiroho. Ingawa ni tofauti kwa asili, zote ni halisi na zina athari kubwa katika maisha yetu ya kiroho. Katika sura hii, tutalinganisha ngome hizi mbili, kueleza tofauti zao, lakini pia kuonyesha jinsi ngome za kiroho zilivyo halisi kama zile za kimwili.

---

1. Asili ya Ngome za Kimwili

Ngome za kimwili, kama ilivyotajwa katika Biblia, zilijengwa kwa mawe, kuta nene, na milango mikubwa ili kuwapa watu ulinzi wa kimwili. Mfano wa wazi ni **kuta za Yeriko** zilizotajwa katika **Yoshua 6**. Kuta hizi zilionekana kuwa imara sana kiasi kwamba maadui wangeona kuwa haziwezi kupenyeka.

Sifa za Ngome za Kimwili:

- **Zinaonekana**: Ngome za kimwili zilionekana kwa macho na zilijengwa kwa malengo ya kulinda.
- **Zilikuwa za Nguvu za Kijeshi**: Ngome hizi zilitumiwa kama mbinu za kijeshi, zikiwa na walinzi na vifaa vya kulinda mji.
- **Zilikuwa Vizuizi Dhidi ya Maadui**: Kuta hizi zililenga kuwazuia maadui waingie na kuharibu mji.

---

2. Asili ya Ngome za Kiroho

Ngome za kiroho hazionekani kwa macho, lakini zina athari kubwa kwa maisha yetu ya kiroho. Paulo anaeleza ngome hizi katika **2 Wakorintho 10:3-5**, akisema: *"Kwa maana ingawa tunaishi katika mwili, hatufanyi vita kwa jinsi ya mwili. Silaha za vita vyetu si za mwili, bali zina nguvu katika Mungu za kuangusha ngome."*

Ngome za kiroho ni mifumo ya mawazo na tabia zinazotuzuia kufikia maarifa ya Mungu na uhusiano wa karibu naye.

Sifa za Ngome za Kiroho:

- **Hazionekani kwa Macho**: Zipo ndani ya akili na moyo wa mtu.
- **Ni Mawazo au Tabia Zilizojikita**: Ngome hizi mara nyingi ni matokeo ya mazoea ya dhambi au uongo wa adui unaoimarika ndani ya mtu.

- **Zinazuia Ukuaji wa Kiroho**: Zinazuia uhusiano wetu na Mungu kwa kutufanya kuwa watumwa wa dhambi, hofu, au mashaka.

---

3. Tofauti Kati ya Ngome za Kimwili na za Kiroho

a) Uonekano

- Ngome za kimwili zinaonekana kwa macho ya mwili, kama vile kuta za Yeriko.
- Ngome za kiroho hazionekani, lakini zina athari kubwa ndani ya akili na roho.

b) Malengo

- Ngome za kimwili zilijengwa kulinda watu dhidi ya mashambulizi ya kimwili.
- Ngome za kiroho ni vizuizi vya kiakili na kiroho vinavyotuzuia kumkaribia Mungu.

c) Uharibifu Wao

- Ngome za kimwili zinaweza kuvunjwa kwa kutumia nguvu za kijeshi au silaha za kibinadamu.
- Ngome za kiroho zinaweza kuvunjwa tu kwa silaha za kiroho kama maombi, Neno la Mungu, na nguvu za Roho Mtakatifu (**Waefeso 6:17**).

d) Athari

- Ngome za kimwili zilihusiana na ulinzi wa miji na watu wake.
- Ngome za kiroho zinaathiri moja kwa moja ukuaji wa kiroho, maamuzi yetu, na uhusiano wetu na Mungu.

---

4. Mfano wa Biblia: Yeriko na Ngome za Mawazo

a) Kuta za Yeriko

Yeriko ni mfano halisi wa ngome ya kimwili. Waisraeli walihitaji kumtegemea Mungu ili kuvunja kuta hizi zilizoonekana kuwa ngumu. Ushindi wao haukutegemea silaha za kibinadamu, bali utii kwa Neno la Mungu.

b) Ngome za Kiroho – Kiburi na Hofu

Katika maisha yetu leo, kuta za Yeriko zinaweza kuwakilisha ngome za kiroho kama kiburi, hofu, mashaka, au uraibu. Kama Waisraeli walivyohitaji imani na utii ili kushinda Yeriko, nasi tunahitaji kumtegemea Mungu ili kuvunja vizuizi vya kiroho.

2 Wakorintho 10:5 inatufundisha:

"Tukiangusha mawazo na kila kitu kilichoinuka kinyume cha maarifa ya Mungu, tena tukiteka nyara kila fikra ipate kumtii Kristo."

5. Kufanana kwa Ngome za Kimwili na za Kiroho

Ingawa zina tofauti, ngome za kimwili na za kiroho zinafanana katika mambo yafuatayo:

1. **Zote ni Vizuwizi**: Ngome zote mbili huzuia mtu kufikia lengo fulani – ngome za kimwili zinazuia maendeleo ya kijeshi, wakati ngome za kiroho zinazuia maendeleo ya kiroho.
2. **Zote Zinahitaji Kushughulikiwa**: Kushinda ngome za kimwili na za kiroho kunahitaji mpango maalum na uongozi wa Mungu.
3. **Nguvu za Mungu Ndiyo Suluhisho**: Katika kushinda ngome zote, nguvu za Mungu ni muhimu. Kama ilivyoandikwa katika **Zekaria 4:6**:
"Si kwa uwezo, wala si kwa nguvu, bali ni kwa Roho yangu, asema Bwana wa majeshi."

6. Kuvunja Ngome za Kiroho

Ngome za kiroho zinaweza kuvunjwa kwa kutumia hatua zifuatazo:

- **Kutambua Ngome**: Tambua maeneo ya maisha yako ambapo kuna vizuizi vya kiroho.

- **Kutubu na Kuomba Msaada wa Mungu**: Kuachana na dhambi na kumkaribia Mungu.
- **Kutumia Neno la Mungu**: Tafakari na tumia Neno la Mungu kama silaha ya kiroho.
- **Maombi ya Mfululizo**: Omba kwa bidii na uombe msaada wa Roho Mtakatifu ili kukuwezesha kushinda.
- **Ushirika wa Kiroho**: Tafuta msaada wa viongozi wa kiroho au marafiki wa kiroho kukutia moyo na kukuongoza.

Ngome za kimwili na za kiroho zinatufundisha somo muhimu juu ya ulinzi na vizuizi maishani mwetu. Ingawa ngome za kimwili zilikuwa za mawe na matofali, ngome za kiroho ni za mawazo na tabia. Zote ni halisi na zinahitaji nguvu za Mungu kuvunjwa.

Hadithi ya kuta za Yeriko inatufundisha kwamba hakuna ngome iliyo kubwa sana kwa Mungu kushinda. Ngome za kiroho, kama kiburi, hofu, au dhambi za mazoea, zinaweza kuonekana kuwa ngumu, lakini kwa imani, maombi, na Neno la Mungu, tunaweza kuvunja vizuizi hivi na kufurahia uhuru wa kiroho.

Warumi 8:37 inatuhakikishia:

"Lakini katika mambo hayo yote tunashinda, na zaidi ya kushinda, kwa yeye aliyetupenda."

Ngome zote, iwe za kimwili au za kiroho, zinashindwa pale tunapomruhusu Mungu kuwa nguvu yetu kuu.

Somo Kuu – Kutambua Kwamba Uwanja wa Vita Upo Ndani Yetu

Katika safari ya kiroho, mara nyingi tunadhani adui zetu wapo nje yetu—majaribu kutoka kwa watu au mazingira yanayotuzunguka. Hata hivyo, ukweli wa kimungu ni kwamba uwanja halisi wa vita upo ndani yetu: mawazo yetu, hisia zetu, na matendo yetu. Ikiwa hatutatambua na kukiri kwamba mapambano ya kiroho yanaanzia ndani, tutashindwa kuchukua hatua zinazofaa ili kuvunja ngome zilizojengeka katika mioyo na akili zetu.

1. Umuhimu wa Kujichunguza na Kujitambua

Kujichunguza na kujitambua ni hatua muhimu sana katika kuvunja ngome za kiroho. Wakati tunachukua muda kutafakari hali zetu za ndani, tunapata ufahamu wa kina juu ya maeneo tunayofungwa au kudhibitiwa.

1. **Kutambua Mifumo**: Kupitia kujichunguza, tunaweza kugundua mifumo inayojirudia ya tabia au mawazo ambayo inachangia kwenye ngome za kiroho. Inaweza kuwa ni muundo fulani wa hasira, chuki, uoga, au hata uraibu. Tunapojua mifumo hii, tunaweza kuchukua hatua madhubuti za kuweka mabadiliko.
2. **Kutambua Vichocheo (Triggers)**: Kujitambua hutusaidia kujua mazingira, watu, au mawazo yanayosababisha hisia hasi au tabia mbaya. Tunapoyajua mambo haya, tunaweza kuepuka au kuyakabili kwa hekima, hivyo kupunguza uwezekano wa kuanguka tena kwenye mzunguko uleule wa dhambi au uharibifu.
3. **Kupima Mifumo ya Imani**: Mara nyingi, tunaishi na imani potofu zinazokwamisha ukuaji wetu kiroho. Kwa mfano, imani kwamba "mimi siwezi kubadilika" au "sistoshelezi" inaweza kugeuka ngome inayotuzuia kuthubutu au kumtegemea Mungu ipasavyo. Kujichunguza kunatupa nafasi ya kuona imani hizi na kuzibadilisha na ukweli wa Ki-Mungu.
4. **Kuchunguza Hisia Zisizotatuliwa**: Ndani ya mioyo yetu, tunaweza kubeba hasira, uchungu, au maumivu ya zamani ambayo hatujawahi kuyashughulikia. Hisia hizi zisipopewa suluhisho, hujenga ngome za kiroho zinazozuia uzima wetu wa

kiroho. Kwa kukabiliana nazo, tunafungua mlango wa uponyaji na kukua kiroho.

---

2. Kutambua Mifumo Inayojirudia

Sisi sote tunayo mifumo inayojirudia ya tabia. Baadhi ya mifumo hii ni mizuri, lakini mingine inatupeleka mbali na mapenzi ya Mungu. Kwa mfano, mtu anaweza kugundua kwamba kila anapokutana na changamoto, hukimbilia vionjo vibaya au kutafuta faraja katika dhambi.

- **Kujua Chanzo**: Kwanza, tunapaswa kujiuliza: "Tabia hii inatokana na nini?" Huenda kuna chimbuko la hofu, kukataliwa, au kutokuwa na usalama.
- **Kuweka Malengo**: Baada ya kugundua tabia au mtazamo, tunapaswa kuweka malengo ya kubadilika na kumruhusu Mungu afanye kazi ndani yetu.

---

3. Kutambua Vichocheo (Triggers)

Watu, mawazo, au mazingira vinavyosababisha hisia hasi au tabia mbaya ni sehemu muhimu ya uwanja wa vita unaoendelea ndani yetu. Kwa mfano, mtu anaweza kugundua kwamba anapokumbana na ukosoaji kutoka kwa mtu fulani, hupatwa na hasira kali na kuangukia dhambi.

- **Kukabiliana na Vichocheo**: Tunapovitambua vichocheo hivi, tunapata fursa ya kujifunza mbinu bora za kushughulikia hisia na matendo yetu, badala ya kushawishiwa kwenda mbali na mapenzi ya Mungu.
- **Kuepuka au Kupunguza Athari**: Katika baadhi ya hali, huenda tunahitaji kuepuka mazingira fulani yanayotuchochea, au kubadilisha mtazamo wetu ili kupunguza madhara ya bodi za majaribu.

---

4. Kuchunguza Mifumo ya Imani na Kuibadilisha

Kila mtu anaamini kitu juu ya Mungu, juu ya dunia, na juu ya yeye mwenyewe. Hizi imani zinaweza kuwa zimejikita katika ukweli wa Kibiblia au zenye kupotoshwa na mazingira, malezi, au uzoefu mbaya.

- **Uthibitisho wa Maandiko**: Njia bora ya kusahihisha imani zetu ni kuzilinganisha na ukweli wa Neno la Mungu. Ikiwa tunaamini "Mungu hanipendi" lakini Biblia inasema "Mungu anatupenda bila masharti" (**Warumi 5:8**), basi tunapaswa kuachana na imani hiyo potofu.
- **Kuendeleza Imani Chanya**:
- Tunapoyajaza mawazo yetu na ahadi za Mungu, tunaanza kuamini zaidi katika uwezo wake, upendo wake, na mpango wake mwema juu yetu.

---

5. Kufichua na Kushughulikia Hisia Zisizotatuliwa

Hisia zisizotatuliwa kama hasira, uchungu, au aibu zinaweza kuwa ngome imara inayozuia ukuaji wetu wa kiroho.

- **Kukiri na Kukubali**: Hatua ya kwanza ni kukiri kwamba hisia hizi zipo. Mara nyingi, tunajaribu kuzificha au kuzikanusha, lakini kufanya hivyo ni kujenga ukuta zaidi.
- **Kuleta Mbele za Mungu**: Kwa sala na kutubu, tunaweza kumwomba Mungu atusaidie kushughulikia hisia hizi na kutupa moyo wa upatanisho au msamaha.
- **Kutafuta Msaada**: Wakati mwingine, tunaweza kuhitaji msaada wa viongozi wa kiroho, marafiki wa karibu, au hata wataalamu wa ushauri ili kushughulikia suala hili kwa kina.

---

6. Faida za Kujichunguza na Kujitambua

1. **Kuimarisha Uhusiano na Mungu**: Tunapokuwa wazi mbele za Mungu na kukubali udhaifu wetu, tunampa nafasi ya kuingilia kati na kutubadilisha.

2. **Kupata Uhuru**: Tunapovunja minyororo ya hisia hasi, mawazo potofu, na tabia mbovu, tunapata uhuru wa kweli ndani ya Kristo.

3. **Kujenga Tabia Njema**: Kujichunguza kunatupeleka kwenye uwezekano wa kujenga tabia njema na mwelekeo chanya wa maisha.

---

7. Kufanya Tathmini ya Kila Siku

Njia mojawapo ya kudumisha kujichunguza ni kufanya tathmini ya kila siku ya mawazo, hisia, na matendo yetu. Tunaweza kujiuliza maswali kama:

- Nilichangiaje katika uhusiano wangu na Mungu leo?
- Ni hisia gani nilizokabiliana nazo, na zilitokana na nini?
- Je, kuna tabia au mawazo yaliyonipeleka mbali na Mungu leo?
- Nimejifunza nini kuhusu mimi mwenyewe leo, na nitawezaje kubadilika kesho?

Maswali haya hutusaidia kubaini maendeleo yetu kiroho na kutambua maeneo tunayopaswa kuendelea kuyafanyia kazi.

Kutambua kwamba uwanja wa vita upo ndani yetu ni somo muhimu linalotufundisha umuhimu wa kujichunguza na kujitambua. Tunapoelekeza macho yetu ndani, tunapata ufahamu juu ya mifumo, vichocheo, imani potofu, na hisia zisizotatuliwa ambazo zinaweza kuwa kikwazo katika uhusiano wetu na Mungu. Kupitia hatua za makusudi, maombi, kusoma Neno la Mungu, na pengine hata msaada wa kiroho au kitaalamu, tunaweza kuvunja ngome hizi na kuendelea kukua kiroho.

Hiki ndicho kiini cha safari yetu ya kiroho: kukua katika ufahamu wa Mungu na kujifunza kumruhusu aongoze mawazo yetu, mioyo yetu, na tabia zetu. Tunapomkaribisha

Mungu katika kila sehemu ya maisha yetu, hata zile ambazo hatujawahi kumruhusu, tunashuhudia ushindi na uhuru wa kweli katika Kristo.

SURA YA 03

Kutambua Ngome Zenye Madhara

Ngome za kiroho zinaweza kujificha nyuma ya tabia, mawazo, na mitazamo inayoonekana ya kawaida. Zinapojikita ndani ya maisha yetu, zinatuletea madhara makubwa ya kiroho na kimwili. Miongoni mwa viashiria vya uwepo wa ngome hizo ni dhambi zinazojirudia, mitazamo hasi inayojenga mtandao wa mawazo potofu, na ukosefu wa ukuaji wa kiroho. Katika sura hii, tutachunguza ishara hizi kwa kina na kujifunza jinsi ya kuzitambua ili kuchukua hatua za kuvunja ngome hizi.

1. Dhambi Zilizojirudia

Dhambi zinazojirudia ni tabia au mazoea ambayo mtu anashindwa kuacha licha ya jitihada zake mwenyewe. Hizi zinaweza kuwa

- Tabia za uraibu, kama vile pombe, dawa za kulevya, ponografia, au kamari.

- Mazoea ya dhambi ya kila siku, kama vile kusema uongo, hasira zisizodhibitika, au kujihusisha na mazungumzo mabaya.

Kwa nini dhambi hizi ni ishara ya ngome?

- **Kutojizuia**: Wakati mtu anajikuta akirudia dhambi ileile, mara nyingi kuna nguvu ya ndani inayomvuta. Hii inamaanisha kuna mfumo uliokita mizizi (ngome) unaohitaji kushughulikiwa.
- **Kujihisi Kushindwa**: Mara nyingi, dhambi zinazojirudia husababisha hisia za aibu, hukumu binafsi, na maumivu ya ndani. Hii huleta madhara zaidi kwenye eneo la kiroho, huku mtu akihisi hawezi kuachana nayo.
- **Kukosa Ushindi**: Ngome ya dhambi inakuwa na nguvu pale inapoendekezwa. Kwa mfano, mtu anapopambana na uraibu fulani, anaweza kujikuta anashindwa kila mara kutokana na minyororo ya kiroho ambayo haijaweza kuvunjwa.

Jinsi ya Kutambua Dhambi Zilizojirudia

1. **Kutafakari Tabia Zako**: Angalia ni wapi unaporudia makosa au mazoea yale yale.
2. **Kuangalia Mzunguko**: Je, kuna vipindi maalum unavyorudia tabia hiyo? Kwa mfano, unapokuwa na msongo wa mawazo au upweke.
3. **Kusikia Mtazamo wa Wengine**: Marafiki au familia wanaweza kuona dalili kabla hata wewe hujagundua. Ushauri kutoka kwao unaweza kukusaidia kutambua mizizi ya tabia hizo.

---

2. Mitazamo Hasi Inayojenga Mtandao wa Mawazo Potofu

Mara nyingi, ngome za kiroho zinajengeka kupitia mawazo hasi na imani potofu zinazoendelea kujirudia akilini. Haya yanaweza kuwa:

- Kujiambia “Mimi siwezi” au “Mimi sina thamani.”

- Kuwaza vibaya kuhusu Mungu, pengine kuamini kwamba "Mungu hanipendi" au "Mungu hawezi kunisaidia."
- Kuona mambo yote kwa jicho la hofu, mashaka, au wasiwasi uliopitiliza.

Kwa nini mitazamo hii ni ishara ya ngome?

- **Hujenga Uongo**: Mawazo hasi yanaposalia akilini kwa muda mrefu, hujenga "ukweli mbadala" usioendana na Neno la Mungu.
- **Huathiri Maamuzi**: Tunapoishi na mawazo potofu, hata maamuzi yetu ya kila siku huathirika. Tunajikuta tukifanya chaguo lisilo sahihi kutokana na hofu au wasiwasi.
- **Huleta Mgawanyiko na Mungu**: Mawazo hasi mara nyingi huwafanya watu wajione hawana msaada, hawastahili neema ya Mungu, na hivyo kukosa kufikia uhusiano wa dhati na Mungu.

Jinsi ya Kutambua Mawazo Hasi

1. **Kujitazama Kila Siku**: Je, ni mawazo gani yanayojirudia mara nyingi akilini mwako?
2. **Kuchunguza Chanzo**: Wakati mwingine, mawazo hasi huanzia katika matukio ya uchungu, kupoteza, au malezi magumu.
3. **Kupima dhidi ya Neno la Mungu**: Linganisha kile unachokiamini na kile Biblia inasema. Ukigundua kutofautiana, kuna uwezekano mkubwa wa mawazo yako kuwa potofu.

---

3. Ukosefu wa Ukuaji wa Kiroho

Moja ya ishara kubwa zaidi ya kuwepo kwa ngome ya kiroho ni pale mtu anapogundua hafanyi maendeleo katika safari yake ya kiroho, licha ya jitihada anazoweka. Kwa mfano:

- Kutoona mabadiliko katika tabia na nia, hata baada ya kufunga na kuomba.

- Kudumaa katika maeneo kama maombi, kusoma Neno la Mungu, au kushiriki ibada za pamoja.
- Kushindwa kuzaa tunda la Roho (angalia **Wagalatia 5:22-23**).

Kwa nini kukosa ukuaji ni ishara ya ngome?

- **Kuzuia Neema ya Mungu**: Ngome ikishaingia, inazuia mtu kupata athari chanya ya Neno la Mungu na kazi ya Roho Mtakatifu.
- **Kulegeza Mshikamano na Mungu**: Watu wanapokosa kuona maendeleo ya kiroho, mara nyingi huchoka au kukata tamaa, na hivyo kuacha kufuatilia mambo ya kiroho kwa bidii.
- **Tishio la Kujitenga na Jumuiya ya Waumini**: Mtu akiendelea kudumaa kiroho, anaweza kujikuta anajitenga na jumuiya ya waumini, jambo linalowezesha ngome hiyo kuendelea kukua.

Dalili za Kudumaa Kiroho

1. **Kukosa Shauku**: Uchovu, kutojali, au hali ya kutoona umuhimu wa kushiriki shughuli za kiroho.
2. **Uzembe wa Maombi na Neno**: Kupoteza hamu ya kusoma Biblia au kuomba.
3. **Kutokuwa na Ushuhuda**: Kuona hakuna mabadiliko yoyote yanayoshuhudiwa na wewe au watu wengine katika tabia na mwenendo wako.

Namna ya Kuhakikisha Hutumbukii Kwenye Nyongo ya Ngome Zenye Madhara

1. **Kuomba Mwongozo wa Roho Mtakatifu**

Roho Mtakatifu hutusaidia kutambua ukweli na kutenganisha uongo. Kama **Yohana 16:13** inavyosema, “Lakini atakapokuja huyo Roho wa kweli, atawaongoza awatie kwenye kweli yote.”

2. **Kusimamia Maandiko**

Kujaza mawazo yetu kwa Neno la Mungu hutusaidia kubaini uongo wa adui. Hii ni silaha muhimu dhidi ya majaribu na mawazo potofu.

3. **Kujishughulisha Katika Jumuiya ya Waumini**
Ushirika na waumini wengine hutusaidia kupata msaada na kupeana ushauri, tunapokabiliwa na dhambi za kujirudia au udhaifu wa kiroho.

4. **Kutafuta Ushauri na Maombezi**
Wakati mwingine, ngome za kiroho hazivunjiki bila msaada wa wengine. Viongozi wa kiroho, marafiki wa imani, au vikundi vya ushauri vinaweza kutoa mwelekeo na msaada tunapohitaji kuachana na dhambi zilizojikita au mawazo hasi.

Kutambua ishara za ngome katika maisha yetu ni hatua muhimu kuelekea uhuru wa kiroho. Dhambi zilizojirudia, mitazamo hasi, na ukosefu wa ukuaji wa kiroho si mambo ya kupuuza. Tunahitaji kujifunza kuzichunguza tabia zetu, mawazo yetu, na kiwango cha ukuaji wetu kiroho ili kubaini ngome zilizojificha.

Tunapozitambua, tunapaswa kuchukua hatua za makusudi—kufanya toba, kutafuta msaada, na kuimarisha uhusiano wetu na Mungu kupitia Neno lake na maombi. Hiyo ndiyo njia pekee ya kuvunja ngome zilizojengeka na kutufanya tushindwe kufurahia uhuru ulio ndani ya Kristo. Kama **Warumi 8:37** inavyosema, "Lakini katika mambo hayo yote tunashinda, na zaidi ya kushinda, kwa yeye aliyetupenda."

Jinsi Ngome Zinavyojenga – Uongo wa Adui, Maumivu Yasiyotatuliwa, au Dhambi za Mazoea

Ngome za kiroho ni vizuizi vinavyotuzuia mtu kuendana na mapenzi ya Mungu na kufurahia baraka zake kikamilifu. Ngome hizi huwa zinajengwa kupitia mifumo mbalimbali ya fikra, hisia, na tabia. Katika sura hii, tutaangalia jinsi ngome zinavyojengwa kwa sababu ya uongo wa adui, maumivu yasiyotatuliwa, au dhambi za mazoea. Tutajadili mambo muhimu kama vile hofu na wasiwasi, tafutio potofu, laana za kizazi, ukosefu wa maarifa, na dhambi zisizotatuliwa.

---

1. Uongo wa Adui

Uongo ni njia kuu ambayo adui hutumia kujenga ngome za kiroho. Adui anajaribu kutangaza mafumbo yasiyo sahihi kuhusu Mungu, uwezo wake, na ahadi zake. Uongo huu unaweza kuingilia katika mawazo yetu, mashaka yetu, na imani zetu, na hivyo kuunda vizuizi vinavyotuzuia kufikia uhusiano wa karibu na Mungu.

Mfano wa Biblia:

Katika **Yohana 8:44**, Yesu anasema kwa wahalifu, *"Wao ni wa chini ya uongo, kwani uongo uliwapata kutoka Mwanzo, wala hawatakuwa katika ukweli, kwani si hao ambayo wengine wanao imani."* Hii inamaanisha kwamba uongo wa adui unaweza kuingilia katika maisha yetu ya kiroho, kutukuhusu tufanye chaguo lisilo sahihi na kutuzuia kumtegemea Mungu kikamilifu.

Jinsi Ngome zinavyojengwa kwa Uongo:

- **Mawazo Potofu:** Adui anatupatia mawazo potofu kuhusu Mungu na maisha yetu, kama vile "Hapana Mungu anakupenda" au "Huna thamani yoyote."
- **Mashaka na Hofu:** Uongo unaweza kusababisha mashaka na hofu zinazotuzuia mtu kuamini katika ahadi za Mungu na kuchukua hatua za imani.
- **Kutokuwepo kwa Uaminifu:** Uongo unaweza kuchangia kutokuwepo kwa uaminifu na kuwafanya watu kuwa na ugumu wa kumtegemea Mungu.

---

2. Maumivu Yasiyotatuliwa

Maumivu ya ndani, kama vile uchungu, huzuni, au maumivu ya maadili, yanaweza kujenga ngome za kiroho.

Maumivu haya hayatumiki vizuri, na mara nyingi husaidia kujenga minyororo ambayo hutuzuia kushinda dhambi au kujenga uhusiano wa karibu na Mungu.

Mfano wa Biblia:

Katika **Yakobo 5:16**, tunasoma, *"Niambieni dhambi zenu ninyi kwa ninyi, na kuombeana, ili mpate kuponywa. Maombi ya mwenye haki yana nguvu nyingi, ya kazi yake."* Hii inatufundisha kwamba maumivu yasiyotatuliwa yanaweza kuwa na athari kubwa katika maisha yetu ya kiroho, na ni muhimu kuyashughulikia kwa njia sahihi.

Jinsi Ngome zinavyojengwa kwa Maumivu:

- **Uhifadhi wa Maumivu:** Badala ya kushughulikia maumivu, watu wanaweza kuyazificha ndani ya moyo, na hivyo kujenga ngome za kiroho.
- **Aibu na Hukumu:** Maumivu mara nyingi huambatana na hisia za aibu au hukumu, ambayo zinaweza kuifanya mtu ajione hatakiwa na Mungu au wengine.
- **Kushindwa Kuachilia Dhambi:** Maumivu yanapokuja kutoka kwa dhambi zilizojikita, huifanya iwe vigumu kuacha na kuzivunja.

---

3. Dhambi za Mazoea

Dhambi za mazoea ni tabia au mazoea yanayojirudia katika maisha ya mtu, na mara nyingi hujenga ngome za kiroho. Dhambi hizi zinapata nguvu kutokana na mazoea ya kawaida ambayo huwa mara kwa mara, na hivyo kuongeza ugumu wa kuzivunja.

Mfano wa Biblia:

Katika **1 Tesalonike 5:23**, tunasoma, *"Bwana awapelekee wote wapate kuwa kamili katika haki na uaminifu; hata maombi yako, ya kiroho na ya mwili, yakue mtakatifu kwa Kristo."* Hii inaonyesha umuhimu wa kuacha dhambi za mazoea ili kufikia ukamilifu wa kiroho.

Jinsi Ngome zinavyojengwa kwa Dhambi za Mazoea:

- **Mifumo ya Tabia:** Dhambi zinazojirudia zinakuwa mifumo ya tabia inayojenga ngome ya kiroho. Kwa mfano, mtu anayoshindwa kuacha kinyume cha dhambi kama kuchovya au kula chakula kingi anaweza kuwa na ngome za kiroho zinazojituma.
- **Kuzimwa kwa Neema ya Mungu:** Dhambi za mazoea mara nyingi zinaweka mtu katika hali ya kujizuia kutoka kwa neema ya Mungu, na hivyo kuifanya iwe vigumu kuishi kwa haki.
- **Udharau na Ugumu wa Kuachilia:** Mazoea ya dhambi mara nyingi yana nguvu ya kuifanya mtu awe na udharau au kugumu kuacha tabia hizo, hivyo kuongeza nguvu za ngome za kiroho.

---

4. Hofu na Wasiwasi

Hofu na wasiwasi ni hisia za kawaida ambazo zinaweza kuunda ngome za kiroho. Zinaweza kutokea kutokana na mazoea, majaribu, au matukio ya maisha, na mara nyingi zinaathiri jinsi tunavyofanya maamuzi na kuishi maisha yetu ya kiroho.

Mfano wa Biblia:

Katika **Filipi 4:6-7**, tunasoma, *"Msichukie chochote, bali kwa kila jambo limeniomba na kuomba kwa shauku nyingi pamoja na kuonyesha masomo yenu mbele ya Mungu. Na amani ya Mungu, ambayo haifahamiki na akili za binadamu, itaweka mioyo yenu na akili zenu ndani ya Kristo Yesu."* Hii inatufundisha umuhimu wa kumaliza hofu na wasiwasi kwa kumwamini Mungu.

Jinsi Ngome zinavyojengwa kwa Hofu na Wasiwasi:

- **Kukosa Imani:** Hofu na wasiwasi vinaweza kuharibu imani yetu kwa Mungu, kutufanya tuwe na mashaka na hofu zinazotuzuia kuchukua hatua za imani.
- **Kuvuruga Maamuzi:** Hofu inaweza kufanya mtu aicheze vibaya na kufanya maamuzi yasiyo sahihi ambayo yanaweza kuongeza ngome za kiroho.

- **Kuzifanya Mtu Ashipie Kipata:** Hofu na wasiwasi zinaweza kufanya mtu awe na hali ya kuishi kwa udhaifu, kutokuwepo kwa nguvu za Roho Mtakatifu, na hivyo kujifunga katika minyororo ya kiroho.

---

5. Laana za Kizazi

Laana za kizazi ni dhana inayosema kuwa masuala ya dhambi na matatizo yanaweza kumwaga mizizi yake katika vizazi kadhaa. Hii inaweza kuhusisha tabia za dhambi, maumivu ya kihisia, au mazoea mabaya yanayojenga ngome za kiroho kwa vizazi vinavyofuata.

Mfano wa Biblia:

Katika **Kutoka 20:5-6**, tunasoma, "*Kwa maana nina hofu ya Kufanya mlima wa laana katika mioyo ya watu, ili kuwa laana kwa vizazi elfu moja watakavyowategemea mimi, na kwa ajili ya kuwa amani kwenu katika jina langu; Mimi ni mwenye upendo na rehema, hata kwa vizazi elfu.*" Hii inaonyesha jinsi laana za kizazi zinavyoweza kujenga ngome za kiroho katika familia na jamii.

Jinsi Ngome zinavyojengwa kwa Laana za Kizazi:

- **Tabia za Dhambi Zilizomwaga Kizazi:** Hali ambapo tabia za dhambi zimekuwa sehemu ya maisha ya familia, zinaunda ngome za kiroho zinazoendelea katika vizazi vinavyofuata.
- **Maumivu Yasiyotatuliwa:** Hali za maumivu ya kihisia zisizojitawaza kwa vizazi vinavyofuata, zinaunda minyororo ya kiroho inayoweza kuenea kwa vizazi kadhaa.
- **Tamaduni za Dhambi:** Mifumo ya kijamii au kitamaduni inayowekwa katika familia, ambayo hujenga tabia mbaya na mawazo potofu kwa vizazi vinavyofuata.

---

6. Ukosefu wa Maarifa

Ukosefu wa maarifa kuhusu Mungu na mapenzi yake unaweza kuunda ngome za kiroho. Bila maarifa ya kweli, mtu anaweza kufuata maadili ya dunia bila kujua jinsi ya kuishi maisha ya kiroho na kuendesha uhusiano wa karibu na Mungu.

Mfano wa Biblia:

Katika **2 Wakorintho 10:5**, Paulo anasema, *"Tukiangusha mawazo na kila kitu kilichoinuka kinyume cha maarifa ya Mungu, tena tukiteka nyara kila fikra ipate kumtii Kristo."* Hii inamaanisha kwamba bila maarifa ya kweli ya Mungu, mawazo yetu yanaweza kujengwa kwenye uongo na mawazo yasiyo sahihi.

Jinsi Ngome zinavyojengwa kwa Ukosefu wa Maarifa:

- **Kufuata Maadili ya Dunia:** Bila maarifa ya Mungu, mtu anaweza kufuata maadili ya dunia ambayo ni potofu na haziendani na Neno la Mungu.
- **Kukosa Njia ya Uwasiliana na Mungu:** Maarifa ya kweli yanatufundisha jinsi ya kuwasiliana na Mungu kupitia maombi, ibada, na tafakari ya Neno la Mungu.
- **Kushindwa Kutambua Uongo:** Bila maarifa, mtu hukumbuka kujua na kutambua uongo wa adui, na hivyo kujifunza jinsi ya kumtegemea Mungu kikamilifu.

---

7. Dhambi zisizotatuliwa

Dhambi zisizotatuliwa ni dhambi ambazo mtu anakataa kuacha, hata ingawa anaweza kujaribu mara nyingi. Hizi ni dhambi ambazo zinakuwa mifumo ya tabia inayojikita ndani ya mtu, na hivyo kujenga ngome za kiroho.

Mfano wa Biblia:

Katika **Hebrews 12:1**, tunasoma, *"Kwa maana hii yote ndiyo mgogoro wa damu na moyo na kazi, vivyo hivyo uishinde kila kitu kilichochukuliwa au kuchomwa kwenye njia yako ya kufanikiwa, na uwe na moyo wa kiroho."* Hii inaonyesha umuhimu wa kuacha dhambi na kuishi maisha ya haki ili kuimarisha uhusiano wetu na Mungu.

Jinsi Ngome zinavyojengwa kwa Dhambi zisizotatuliwa:

- **Tabia za Dhambi:** Dhambi zisizotatuliwa zinaweza kuwa kama kujivuka kwa dhambi, unyanyasaji, au maamuzi mabaya ambayo huendelea kujirudia.
- **Kutokufaulu Kuacha Dhambi:** Mtu anayoshindwa kuacha dhambi hizo huwa na ukomo wa kiroho unaomzidi kuathiri maisha yake.
- **Kuzuia Ukuaji wa Kiroho:** Dhambi zisizotatuliwa huweka mtu katika hali ya kutokuwa na uwezo wa kukua kiroho na kuimarisha uhusiano wake na Mungu.

---

8. Jinsi ya Kuvunja Ngome Zenye Madhara

Kutambua na kuvunja ngome hizi ni hatua muhimu katika safari ya ukuaji wa kiroho. Hapa kuna hatua chache ambazo zinaweza kusaidia katika mchakato huu:

1. **Kutambua na Kutambua Ngome:**
   - Tambua ni njia gani au tabia zinazowafanya upate kujiona umefungwa au kuathiriwa.
   - Tafakari kuhusu vizuizi vinavyoendelea katika maisha yako na jinsi vinavyoathiri uhusiano wako na Mungu.
2. **Kutubu na Kuomba Msaada wa Mungu:**
   - Omba Mungu atusaidie kuacha dhambi na kuondoa ngome za kiroho.
   - Kimbilia Mungu kwa maombi ya kutubu na ombi la usalama kutoka kwake.
3. **Kutumia Neno la Mungu:**
   - Tafakari na tumia Neno la Mungu kama silaha ya kuvunja ngome za kiroho.

- Kusoma Biblia mara kwa mara ili kujifunza kuhusu maadili na mapenzi ya Mungu.

4. **Kujitakasa na Kujisalimisha kwa Mungu:**
   - Kuishi maisha ya utii kwa maagizo ya Mungu.
   - Kuweka malengo ya kiroho na kufanya juhudi za kufuata njia yake.
5. **Kushirikiana na Waumini Wengine:**
   - Tafuta msaada na ushauri kutoka kwa viongozi wa kiroho au marafiki wa imani.
   - Shiriki katika ibada za pamoja na vikundi vya maombi ili kupata msaada wa kiroho.
6. **Kujifunza Kutoka kwa Waumini Wengine:**
   - Soma na wasikilize hadithi za mafanikio ya waumini wengine katika kuvunja ngome za kiroho.
   - Tafuta uongozi na mshauri ambaye anaweza kukupa ushauri na msaada.

Ngome za kiroho zinaweza kujengwa kwa sababu ya uongo wa adui, maumivu yasiyotatuliwa, dhambi za mazoea, hofu na wasiwasi, tafutio potofu, laana za kizazi, ukosefu wa maarifa, na dhambi zisizotatuliwa. Kwa kutambua na kushughulikia vitu hivi, tunapata fursa ya kuvunja ngome hizi na kuishi maisha ya kiroho yanayoonyesha ufahamu wa Mungu na uhusiano wa karibu naye.

Kwa kutumia silaha za kiroho kama maombi, Neno la Mungu, na imani, tunaweza kuvunja ngome za kiroho na kufurahia uhuru wa kweli ndani ya Kristo Yesu. Kama Paulo anavyosema katika **Warumi 8:37**, *"Lakini katika mambo hayo yote tunashinda, na zaidi ya kushinda, kwa yeye aliyetupenda."* Tunapaswa kumtegemea Mungu kwa uaminifu na kutegemea nguvu zake ili kushinda vizuizi vyote vya kiroho katika maisha yetu.

Warumi 8:37 inatuhakikishia, *"Lakini katika mambo hayo yote tunashinda, na zaidi ya kushinda, kwa yeye aliyetupenda."*

Kwa kumtegemea Mungu na kutumia silaha zake za kiroho, tunaweza kuvunja ngome hizi na kuishi maisha ya kiroho yenye nguvu na yenye mafanikio.

Maswali ya Tafakari ya Kibinafsi Kusaidia Kutambua Ngome

Alama ya Ngome ni Mifumo Yayo Inayojirudia

Kuta za kiroho ni vizuizi vinavyojengwa ndani ya mioyo yetu, na vinakuwa vigumu kuvunja kutokana na mfumo wao unaojirudia. Tafakari ya kibinafsi ni njia muhimu ya kutambua ngome hizi, kwani inawezesha mtu kujifunza kwa kina juu ya maeneo yanayomzuia kuendana na mapenzi ya Mungu. Katika sura hii, tutajadili maswali ya tafakari ambayo yatakusaidia kutambua na kuelewa ngome zako binafsi, na jinsi ya kuzishughulikia kwa nguvu za Mungu.

---

1. Ni Uwanja wa Vita Unaojirudia Maishani Mwangu?

Swali: Ni uwanja gani wa vita unaojirudia maishani mwangu?

Maelezo: Kutambua uwanja wa vita ndani yako ni hatua ya kwanza katika kutambua ngome zako. Uwanja wa vita unaweza kuwa tabia, hisia, au mawazo yanayokinzana na mapenzi ya Mungu. Kwa mfano, inaweza kuwa imani potofu kwamba "sina uwezo" au "Mungu hana kutokupa baraka zake kikamilifu."

---

2. Tabia au Mawazo Yasiyo Salama Yanaofanya Ngome Kazi?

Swali: Ni tabia au mitazamo gani isiyo salama ina ngome kwenye maisha yangu?

Maelezo: Tabia zisizofaa au mitazamo hasi inaweza kuwa na nguvu kubwa ya kutukumba. Kwa mfano, uraibu wa pombe au mazungumzo mabaya yanaweza kuwa ngome inayokuzuia kuishi maisha ya haki na yenye mafanikio. Kujitambua katika tabia hizi ni muhimu ili kuanza mchakato wa kubadilisha.

---

3. Ni Dhambi Zipi Zilizojirudia Katika Maisha Yangu?

Swali: Ni dhambi zipi ambazo zinasababisha shida au changamoto katika maisha yangu?

Maelezo: Dhambi zinazojirudia zinaweza kuwa kikwazo kikubwa cha kiroho. Kwa mfano, kusema uongo au hasira zisizodhibitika zinaweza kujenga ngome za kiroho zinazotuzuia kuimarisha uhusiano wako na Mungu. Kutambua dhambi hizi ni hatua ya kwanza katika kuacha na kuzivunja.

---

4. Ni Mifumo ya Tabia au Mawazo gani Inayotukumba?

Swali: Ni mifumo gani ya tabia au mawazo inayotukumba na kufanya iwe vigumu kuvunja ngome hizi?

Maelezo: Mifumo ya tabia inayojirudia inaweza kuwa ngome inayojikita ndani ya moyo na akili yako. Kwa mfano, watu wanaweza kushindwa kuacha uraibu au kutegemea mali za kidunia, ambazo zinaweza kuwa ngome zinazowazuia kuwa na uhusiano wa karibu na Mungu.

---

5. Ni Kwa Jinsi Ngome Zilizojengwa kwa Uongo, Maumivu Yasiyotatuliwa, au Dhambi za Mazoea?

Swali: Je, ngome zangu zimejengwa kwa uongo wa adui, maumivu yasiyotatuliwa, au dhambi za mazoea?

Maelezo: Ngome zinaweza kujengwa kwa njia tofauti. Uongo wa adui unaweza kuwa na mawazo potofu kuhusu Mungu, maumivu yasiyotatuliwa yanaweza kujenga minyororo ya hisia, na dhambi za mazoea zinaweza kuwa na nguvu ya kuifanya mtu aishi mbali na mapenzi ya Mungu. Kutambua chanzo cha ngome zako ni muhimu ili kushinda.

---

6. Ni Kwa Nini Nafanya Mara kwa Mara Kitu Hicho?

Swali: Kwa nini nafanya mara kwa mara kitu fulani ambacho huwa kikwazo katika maisha yangu?

Maelezo: Kufanya jambo mara kwa mara ambalo huwa kikwazo kunaweza kuwa ishara ya ngome imara. Kwa mfano, ikiwa unajirudia kuingia katika mahusiano yasiyo ya haki au kufanya dhambi zinazokuzuia kuimarisha uhusiano wako na Mungu, ni muhimu kuchunguza sababu ya tabia hiyo.

---

7. Je, Kuna Vitu Vinavyotengeneza Nafsi Yangu Haki?

Swali: Je, kuna vitu vinavyotengeneza nafsi yangu haki na kuifanya isiweze kuingilia kati kwa Mungu?

Maelezo: Vitu vinavyotengeneza nafsi yako haki, kama vile tabia za kibinadamu au imani potofu, zinaweza kuwa ngome za kiroho. Kwa mfano, imani kwamba "una uwezo binafsi bila msaada wa Mungu" inaweza kuunda ngome inayokuzuia kumtegemea Mungu kikamilifu.

---

8. Je, Kuna Tabia au Mawazo Yanayotufanya Tukoseke Imara?

Swali: Je, kuna tabia au mawazo yanayotufanya tukoseke imara katika uhusiano wetu na Mungu?

Maelezo: Tabia au mawazo yanayotufanya tukoseke imara yanahitaji kutambuliwa na kushughulikiwa. Kwa mfano, mawazo ya kutokuwa na thamani au mawazo ya kutokuwa na imani katika ahadi za Mungu yanaweza kuwa ngome zinazokuzuia kuishi maisha ya kiroho.

---

9. Ni Mifumo gani ya Tabia au Mawazo ambayo Huongeza Uchungu au Hisia Zisizo Salama?

Swali: Ni mifumo gani ya tabia au mawazo inayoongeza uchungu au hisia zisizo salama?

Maelezo: Mifumo ya tabia au mawazo inayoongeza uchungu au hisia zisizo salama inaweza kuwa ngome inayojikita ndani ya moyo na akili yako. Kwa mfano, hisia za aibu au udhalimu zinaweza kujenga ngome ya kiroho inayokuzuia kupata amani na ukamilifu wa kiroho.

---

10. Ni Kwa Jinsi Tunaweza Kutambua na Kushughulikia Ngome Zilizojengwa kwa Njia Hii?

Swali: Ni kwa jinsi gani tunaweza kutambua na kushughulikia ngome zilizojengwa kwa njia hizi?

Maelezo: Kutambua na kushughulikia ngome hizi kunahitaji hatua za makusudi kama vile kujitabu, kuomba, kutafuta msaada wa kiroho, na kujifunza zaidi kuhusu Neno la Mungu. Kwa mfano, tunapojifunza kutambua mifumo ya mawazo potofu na kushughulikia maumivu yasiyotatuliwa, tunapata uwezo wa kuvunja ngome hizi na kuishi maisha ya uhuru wa kiroho.

Kutambua ngome zako binafsi ni hatua muhimu katika safari yako ya kiroho. Kwa kujibu maswali haya ya tafakari, unapata ufahamu wa kina juu ya maeneo ambayo yanakuzuia kufikia ukamilifu wa kiroho na kuimarisha uhusiano wako na Mungu. Kwa kumtegemea Mungu na kutumia silaha za kiroho kama maombi, Neno lake, na imani, unaweza kuvunja ngome hizi na kuishi maisha ya kiroho yenye mafanikio na ufahamu wa kina wa Mungu.

Warumi 8:37 inatuhakikishia, *"Lakini katika mambo hayo yote tunashinda, na zaidi ya kushinda, kwa yeye aliyetupenda."* Hivyo, endelea kujichunguza, kujitambua, na kutegemea nguvu za Mungu ili kuvunja ngome zako binafsi na kufurahia uhuru wa kweli ndani ya Kristo Yesu.

Andiko Kuu - Zaburi 139:23-24 – "Nichunguze, Mungu, na ujue moyo wangu"

Kutambua Ngome Zenye Madhara Kwa Kupitia Zaburi 139:23-24

Zaburi 139:23-24 inatoa ombi la kina na uaminifu kwa Mungu ili kumchunguza na kumjua mtu binafsi. Aya hii ni nguzo muhimu katika safari ya kiroho, hasa katika kutambua ngome za kiroho ambazo zinaweza kutuzuia kuishi maisha ya haki na yenye mafanikio ndani ya Mungu. Katika sura hii, tutaangazia jinsi ya kutumia aya hii ya Zaburi kutambua ngome za kiroho zinazoweza kuwa na madhara katika maisha yetu.

---

1. Maana ya Zaburi 139:23-24

Zaburi 139:23-24 inasema: *"Nichunguze, Mungu, na ujue moyo wangu; ubadilishe mapokeo yangu. Uone kama kuna njia yoyote potofu ndani yangu, na uniongoze katika njia ya upendo kwa ajili yako."*

Zaburi 139:23-24 inaonyesha uhusiano wa karibu kati ya mtu na Mungu, ambapo mtu anapouliza Mungu kumchunguza na kumjua ndani yake ili kupata kuelewa na kuondoa vitu vyovyote vinavyoweza kuzuia uhusiano wake na Mungu.

---

2. Umuhimu wa Kujichunguza na Kujitambua

Kujichunguza ni hatua ya kwanza katika kutambua ngome za kiroho. Ni njia ya kujifunza zaidi juu ya tabia zako, mawazo yako, na hisia zako ili kubaini maeneo ambayo yanaweza kuwa na vizuizi katika safari yako ya kiroho. Kwa kutumia **Zaburi 139:23-24**, tunapata mwongozo wa kuomba Mungu atuchunguze na kutambua maeneo yanayoweza kutuzuia kuishi maisha ya haki.

a) Kutambua Mifumo ya Dhambi na Tabia Zisizofaa

Katika maisha yetu ya kila siku, mara nyingi tunajikuta tukirudia dhambi au tabia zisizofaa ambazo hazikuleta maendeleo ya kiroho. Kwa mfano, kama unajirudia kula chakula kingi au kushiriki katika mazungumzo mabaya, hii inaweza kuwa ishara ya ngome inayojikita ndani yako.

b) Kuelewa Hisia Zisizotatuliwa

Hisia kama hasira, aibu, au uchungu unaweza kujenga ngome za kiroho. Ikiwa unajisikia una shida ya kuachilia hisia hizi, kuna uwezekano kwamba kuna ngome zinazozizuia kuishi kwa amani na utulivu wa kiroho.

3. Hatua za Kutambua Ngome Zenye Madhara

Kupitia **Zaburi 139:23-24**, tunapewa njia ya kuboresha kujichunguza na kutambua ngome za kiroho. Hapa kuna hatua muhimu za kufuata:

a) Kutambua na Kukiri Ngome

Hatua ya kwanza ni kutambua kwamba kuna ngome maishani mwetu. Hii inaweza kuwa ni dhambi zinazojirudia, tabia mbaya, au mawazo potofu ambayo huzuia ukuaji wa kiroho. Kwa mfano, kama unajirudia kusema uongo au kushindwa kuachilia tabia ya hasira, hii ni ishara ya ngome inayohitaji kushughulikiwa.

b) Kujichunguza Kwa Ukweli

Kujichunguza kunahitaji uaminifu na uaminifu kwa Mungu. Ni muhimu kuwa wa kweli nasi wenyewe na kukubali kwamba tunahitaji msaada wa Mungu katika kutambua na kuvunja ngome hizi. **Zaburi 139:23-24** inatufundisha kujifunza kuomba Mungu atuchunguze na kutambua maeneo ya ndani yetu ambayo yanahitaji mabadiliko.

c) Kuomba Msaada wa Mungu

Kwa kutumia maombi, tunaweza kuomba Mungu atusaidie kutambua ngome zetu na kutoa nguvu ya kuzivunja. Maombi haya yanapaswa kuwa ya kuomba uelewa na msaada wa Roho Mtakatifu katika kuchunguza mioyo yetu.

---

4. Maswali ya Tafakari ya Kibinafsi Kutambua Ngome

Maswali haya yanatusaidia kuchunguza maeneo yetu ya ndani na kutambua ngome zinazoweza kutuzuia kuishi kwa haki na kuimarisha uhusiano wetu na Mungu.

a) Ni Uwanja wa Vita Unaojirudia Maishani Mwangu?

- Je, kuna shughuli au tabia ambazo unaona zinarudia katika maisha yako na zinaweza kuwa kikwazo kikubwa cha kiroho?
- Ni ngome gani zinazowafanya uweze kujifunga katika maeneo haya?

b) Ni Tabia au Mawazo Yasiyo Salama Yanaofanya Ngome Kazi?

- Je, kuna tabia au mitazamo ambayo unajiona ni mbaya au isiyo salama katika maisha yako?
- Je, zinaathiri jinsi unavyofanya maamuzi na kuishi maisha yako ya kila siku?

c) Ni Dhambi Zipi Zilizojirudia Katika Maisha Yangu?

- Je, kuna dhambi ambazo unajirudia katika maisha yako na zinazosababisha shida au changamoto?
- Ni vipi dhambi hizi zinaweza kuwa na nguvu ya kujenga ngome katika maisha yako?

d) Ni Mifumo ya Tabia au Mawazo gani Inayotukumba?

- Je, kuna mifumo ya tabia au mawazo ambayo unajiona inakuudhi na kufanya iwe vigumu kubadilika?
- Ni vipi mifumo hii inavyoathiri uhusiano wako na Mungu na wengine?

e) Je, Ngome Zilizojengwa kwa Uongo wa Adui, Maumivu Yasiyotatuliwa, au Dhambi za Mazoea?

- Je, kuna njia maalum ambazo ngome zako zimejengwa? Kwa mfano, kutoka kwa uongo wa adui, maumivu yasiyotatuliwa, au dhambi za mazoea?
- Ni vipi ingawa zinatokana na sababu tofauti, zinaweza kuwa na athari sawa katika maisha yako ya kiroho?

f) Ni Kwa Nini Nafanya Mara kwa Mara Kitu Hicho?

- Je, kuna kitu unachokifanya mara kwa mara ambacho kinaweza kuwa kikwazo katika maisha yako?
- Ni mambo gani yanayochangia katika kurudia tabia au mawazo hayo?

g) Je, Kuna Vitu Vinavyotengeneza Nafsi Yangu Haki?

- Je, kuna vitu vinavyotengeneza nafsi yako haki na kuifanya isiweze kuingilia kati kwa Mungu?
- Ni vipi vitu hivi vinaathiri uhusiano wako na Mungu na kuimarisha ngome zako za kiroho?

h) Je, Kuna Tabia au Mawazo Yanayotufanya Tukoseke Imara?

- Je, kuna tabia au mawazo yanayotufanya tukoseke imara katika uhusiano wetu na Mungu?
- Ni vipi tunavyoweza kushughulikia tabia au mawazo haya ili kuimarisha uhusiano wetu na Mungu?

i) Ni Mifumo gani ya Tabia au Mawazo ambayo Huongeza Uchungu au Hisia Zisizo Salama?

- Je, kuna mifumo ya tabia au mawazo ambayo inafanya uwe na uchungu au hisia zisizo salama?

- Ni vipi tunavyoweza kushughulikia mifumo hii ili kupata amani na utulivu wa kiroho?

5. Hatua za Kuvunja Ngome Zenye Madhara

Baada ya kutambua ngome zako, hatua zinazofuata ni kuzivunja na kuishi maisha ya uhuru wa kiroho. Hapa kuna njia ambazo unaweza kutumia:

a) Kutubu na Kuomba Msaada wa Mungu

- **Toba:** Acha dhambi zako na kuomba msamaha wa Mungu. Toba ni hatua ya kuondoa vitu vinavyotuzuia kuishi kwa haki.
- **Maombi:** Omba Mungu atusaidie kuzivunja ngome hizi kwa nguvu zake za kiroho.

b) Kutumia Neno la Mungu

- **Soma Biblia:** Tafakari na tumia Neno la Mungu kama silaha ya kuvunja ngome za kiroho. Tafakari na kusoma Biblia mara kwa mara itakuwezesha kujiamini katika ukweli wa Mungu.
- **Matafakari:** Tumia muda kutafakari Neno la Mungu na kutambua jinsi linaweza kukusaidia kushinda ngome zako.

c) Kujitakasa na Kujisalimisha kwa Mungu

- **Utii:** Kuishi maisha ya utii kwa maagizo ya Mungu ni msingi wa kuvunja ngome za kiroho.
- **Malengo ya Kiroho:** Weka malengo ya kiroho na kufanya juhudi za kuyafikia kupitia maombi, ibada, na kujifunza zaidi kuhusu Mungu.

d) Kushirikiana na Waumini Wengine

- **Jumuiya ya Waumini:** Shiriki katika ibada za pamoja na vikundi vya maombi ili kupata msaada na kupeana ushauri na kuhimiza.
- **Ushirika:** Tafuta uongozi na msaada kutoka kwa viongozi wa kiroho au marafiki wa imani ambao wanaweza kukusaidia kushinda ngome zako.

e) Kujifunza Kutoka kwa Waumini Wengine

- **Hadithi za Mafanikio:** Soma na wasikilize hadithi za mafanikio ya waumini wengine katika kuvunja ngome za kiroho.
- **Uongozi:** Tafuta uongozi na mshauri ambaye anaweza kukupa ushauri na msaada katika mchakato wa kuvunja ngome zako.

Zaburi 139:23-24 inatufundisha umuhimu wa kumchunguza Mungu na kumjua ndani yetu ili kutambua na kushughulikia ngome za kiroho. Kutambua ngome hizi ni hatua ya kwanza katika safari yako ya kiroho, na tunapaswa kuchukua hatua za makusudi za kuzivunja kwa msaada wa Mungu. Kwa kutumia silaha za kiroho kama maombi, Neno lake, na imani, tunaweza kuvunja ngome hizi na kuishi maisha ya uhuru na upendo ndani ya Kristo Yesu.

Katika **Warumi 8:37**, tunasoma:

"Lakini katika mambo hayo yote tunashinda, na zaidi ya kushinda, kwa yeye aliyetupenda."

Hivyo, endelea kujichunguza, kutambua, na kumtegemea Mungu ili kushinda ngome zako binafsi na kufurahia maisha ya kiroho yenye mafanikio na ufahamu wa kina wa Mungu.

SURA YA 04

Nguvu ya Neno la Mungu Kuvunja Ngome

Ngome za kiroho zinaweza kuwa vizuizi vya nguvu katika maisha yetu, lakini Neno la Mungu lina mamlaka na nguvu za kuzivunja. Biblia inatuonyesha wazi kwamba Mungu ni mwenye nguvu kuliko ngome yoyote inayoweza kutuzuia, na ametupatia silaha madhubuti kupitia Maandiko yake ili kupambana na vizuizi hivi. Katika sura hii, tutajifunza umuhimu wa Neno la Mungu kama silaha dhidi ya ngome za kiroho, na tutatafakari maandiko muhimu yanayotufundisha jinsi ya kuvunja ngome hizi.

1. Umuhimu wa Neno la Mungu Kama Silaha Dhidi ya Ngome

Katika **Waefeso 6:17**, Paulo anatufundisha kwamba Neno la Mungu ni *"upanga wa Roho."* Hili ni onyesho la jinsi Neno la Mungu linavyoweza kuwa silaha kali dhidi ya ngome za kiroho. Ngome hizi mara nyingi hujengwa kwa uongo, hofu, au mawazo potofu, na Neno la Mungu linakuwa nuru inayotufundisha ukweli na kuharibu uongo huo.

a) Nguvu ya Ukweli wa Mungu

Ngome nyingi za kiroho zinatokana na uongo ambao adui ameujenga ndani yetu. Kwa mfano, unaweza kuamini kwamba huwezi kubadilika, kwamba Mungu hakupendi, au kwamba hauna thamani. Neno la Mungu linatoa ukweli ulio tofauti kabisa. Katika **Yohana 8:32**, Yesu anasema: *"Nanyi mtaifahamu kweli, nayo kweli itawaweka huru."* Ukweli wa Mungu ni msingi wa kuvunja ngome zozote zilizo jengwa juu ya uongo.

b) Ushindi Kupitia Ahadi za Mungu

Neno la Mungu linatufundisha kuhusu ahadi zake kwetu ambazo ni hakika na zenye nguvu. Katika **Isaya 41:10**, Mungu anasema:

"Usiogope, maana mimi ni pamoja nawe; usifadhaike, maana mimi ni Mungu wako; nitakutia nguvu, naam, nitakusaidia, naam, nitakushika kwa mkono wa kuume wa haki yangu."

Ahadi hizi zinatupa ujasiri wa kuvunja ngome zinazotuzuia kumwamini Mungu kikamilifu.

---

2. Maandiko Kuhusu Kuvunja Nguvu za Ngome

Biblia inatoa maandiko mengi yanayotufundisha jinsi ya kuvunja ngome za kiroho. Hapa kuna baadhi ya maandiko muhimu ambayo yanaweza kutusaidia katika safari yetu ya kiroho:

a) 2 Wakorintho 10:3-4

"Kwa maana ingawa tunaenenda katika mwili, hatufanyi vita kwa jinsi ya mwili; maana silaha za vita vyetu si za mwili, bali zina uwezo katika Mungu hata kuangusha ngome."

Hili ni onyesho la wazi kwamba vita vyetu si vya kimwili, bali vya kiroho, na kwamba silaha zetu zinatoka kwa Mungu. Silaha hizi zina nguvu ya kuharibu ngome zote.

b) Yakobo 4:7

"Basi mtiini Mungu. Mpingeni Shetani, naye atawakimbia."
Utii kwa Mungu na kumpinga adui ni hatua muhimu za kuvunja ngome. Tunapomtii Mungu, tunapata nguvu za kupinga mashambulizi ya adui.

c) Isaya 54:17

"Kila silaha itakayofanyika juu yako haitafanikiwa; na kila ulimi utakaoamka kupinga na kuhukumu, utahukumu."
Andiko hili linatuhakikishia kwamba hakuna silaha au ngome inayoweza kushinda nguvu za Mungu.

d) Isaya 43:1

"Lakini sasa, asema Bwana aliyekuumba wewe, Ee Yakobo, na yeye aliyekuumba wewe, Ee Israeli, Usiogope, maana nimekukomboa; nimekuita kwa jina lako, wewe u wangu."
Hili ni onyesho la upendo wa Mungu na ukombozi wake kwetu. Kutambua kwamba sisi ni wa Mungu ni hatua ya kwanza ya kuvunja ngome za hofu na kushindwa.

---

3. Hatua za Kuvunja Ngome kwa Kutumia Neno la Mungu

Kupitia maandiko haya, tunaweza kujifunza hatua madhubuti za kutumia Neno la Mungu ili kuvunja ngome:

a) Kutafakari Neno la Mungu

Tafakari ni kujifunza na kutafakari Maandiko ya Mungu kila siku. Katika **Yoshua 1:8**, tunasoma: *"Kitabu hiki cha sheria kisiondoke kinywani mwako, bali yatafakari maneno yake mchana na usiku, upate kuangalia kufanya sawasawa na yote yaliyoandikwa humo; maana ndipo utakapofanikisha njia yako, kisha ndipo utakapostawi*

sana."
Tafakari ya Neno la Mungu inatufanya tuwe na nguvu za kiroho za kushinda ngome.

b) Kutumia Neno la Mungu Kama Silaha

Tunaposhambuliwa na uongo wa adui, tunapaswa kutumia Neno la Mungu kujibu, kama Yesu alivyofanya aliposhawishiwa na Shetani jangwani (**Mathayo 4:1-11**). Yesu alisema mara kwa mara, *"Imeandikwa..."* Hii ni njia ya kutumia Neno la Mungu kama silaha dhidi ya uongo na majaribu ya adui.

c) Kukiri Neno la Mungu

Kukiri Neno la Mungu ni njia ya kutangaza ukweli wa Mungu juu ya maisha yetu. Andiko la **Warumi 10:17** linasema:
"Basi imani, chanzo chake ni kusikia; na kusikia huja kwa neno la Kristo."
Kukiri Neno la Mungu husaidia kuimarisha imani yetu na kuvunja minyororo ya uongo.

---

4. Matokeo ya Kutumia Neno la Mungu

Tunapotumia Neno la Mungu kwa imani, matokeo yanaweza kuwa ya kushangaza:

a) Uhuru wa Kiakili na Kiroho

Tunapata uhuru kutoka kwa uongo, hofu, na minyororo ya kiroho ambayo inatufunga. Yesu alisema katika **Yohana 8:36**:]
"Basi, ikiwa Mwana akiwaweka huru, mtakuwa huru kweli kweli."
Uhuru huu ni zawadi ya thamani inayokuja kupitia Neno la Mungu.

b) Kukuza Uhusiano na Mungu

Tunapojifunza Neno la Mungu na kulichukua kama mwongozo wetu, tunajenga uhusiano wa karibu zaidi na

Mungu. Tunakuwa na amani na furaha ya kiroho inayotokana na kumjua Mungu kwa undani zaidi.

c) Kukuza Imani Yetu

Kupitia Neno la Mungu, imani yetu inakuwa imara na tunaweza kushinda changamoto zote za maisha. **Warumi 10:17** inatufundisha kwamba imani huja kwa kusikia Neno la Mungu.

Nguvu ya Neno la Mungu ni kubwa kuliko ngome yoyote inayoweza kutuzuia. Kupitia tafakari, matumizi, na kukiri Maandiko, tunaweza kuvunja vizuizi vyote vya kiroho na kuishi maisha ya uhuru na ushindi. Kama **2 Wakorintho 10:4** inavyosema:

"Kwa maana silaha za vita vyetu si za mwili, bali zina uwezo katika Mungu hata kuangusha ngome."

Hivyo basi, tuweke imani yetu katika Neno la Mungu na kutumia silaha zake ili kushinda ngome za kiroho na kufurahia ushindi ambao Yesu Kristo ametupatia. Mungu ni mwaminifu, na kupitia Neno lake, tunaweza kushinda kila kitu kinachotuzuia kumkaribia Yeye. **Isaya 54:17** inatuhakikishia:

"Hakuna silaha iliyotengenezwa dhidi yako itakayofanikiwa."

Na kupitia Neno hili, tunaweza kuvunja kila ngome na kuishi maisha ya ushindi wa kiroho.

Hatua za Kivitendo za Kutafakari Neno la Mungu (Yoshua 1:8)

Yoshua 1:8 inasema:

"Kitabu hiki cha sheria kisiondoke kinywani mwako, bali yatafakari maneno yake mchana na usiku, upate kuangalia kufanya sawasawa na yote yaliyoandikwa humo; maana ndipo utakapofanikisha njia yako, kisha ndipo utakapostawi sana."

Aya hii inaonyesha umuhimu wa kutafakari Neno la Mungu kila siku ili kuimarisha uhusiano wetu na Mungu, kupata hekima, na kufanikisha maisha yetu kiroho. Katika sura hii, tutajifunza hatua za kivitendo za jinsi ya kutafakari Neno la Mungu na kuishi kulingana nalo.

---

1. Kuweka Kipaumbele cha Kusoma na Kujifunza Maandiko Kila Siku

Hatua ya kwanza ya kutafakari Neno la Mungu ni kuhakikisha kuwa kusoma na kujifunza Maandiko ni sehemu ya maisha yako ya kila siku. Hii ni muhimu kwa ukuaji wa kiroho na kufahamu mapenzi ya Mungu maishani mwako.

a) Tenga Muda Maalum Kila Siku

- Chagua muda wa siku ambao uko huru na unaweza kusoma Neno la Mungu bila kukengeushwa. Hii inaweza kuwa asubuhi, wakati wa chakula cha mchana, au jioni kabla ya kulala.
- Kuwa na ratiba ya kusoma Biblia kila siku, hata kwa dakika chache tu, inaweza kuimarisha mazoea yako ya kiroho.

b) Soma kwa Mpangilio

- Soma Neno la Mungu kwa mpangilio badala ya kusoma kwa nasibu. Unaweza kuchagua kusoma kitabu cha Biblia kutoka mwanzo hadi mwisho au kufuata mwongozo wa masomo ya Biblia.

c) Zingatia Kusoma kwa Kusudi

- Soma kila andiko kwa nia ya kuelewa ujumbe wa Mungu kwako. Uliza maswali kama:
    - Mungu anasema nini kupitia andiko hili?
    - Hili linahusiana vipi na maisha yangu?

---

2. Kutafakari Neno la Mungu na Kuzingatia Maana Yake

Kutafakari Neno la Mungu ni zaidi ya kusoma tu—ni kufikiri kwa kina kuhusu maana yake na jinsi linavyohusiana na maisha yako.

a) Fikiri Kuhusu Maana ya Kila Andiko

- Uliza maswali kama:
  - Nini maana ya andiko hili?
  - Andiko hili linaniambia nini kuhusu Mungu?
  - Linaathiri vipi maisha yangu ya kila siku?

b) Rudia Kusoma na Kusema Neno la Mungu

- Rudia kusoma maandiko mara kwa mara ili kuyaweka moyoni. Unaweza pia kuyasema kwa sauti ili kuyakumbuka vizuri.

c) Andika Tafakari Yako

- Tenga daftari ya kuandika yale unayojifunza unapofikiria maana ya maandiko. Hii itakusaidia kuyahifadhi moyoni na kuyatafakari kwa undani zaidi.

3. Kutumia Kanuni za Biblia Katika Maamuzi na Matendo

Kutafakari Neno la Mungu hakutakuwa na matokeo ikiwa hatutachukua hatua za kuyatumia maishani mwetu. Maandiko yanafaa kuwa mwongozo wa maamuzi yetu na matendo yetu ya kila siku.

a) Fanya Maamuzi Yanayoendana na Neno la Mungu

- Kabla ya kufanya maamuzi, uliza:
  - Maamuzi haya yanalingana na mafundisho ya Biblia?
  - Je, maamuzi haya yanampendeza Mungu?

b) Fuata Kanuni za Biblia Katika Shughuli za Kila Siku

- Fanya jitihada za kutekeleza maadili ya Biblia unaposhughulika na familia, kazi, na jamii. Kwa mfano:
    - Onyesha upendo kwa wengine (**Yohana 13:34**).
    - Kuwa mwaminifu katika kazi zako (**Wakolosai 3:23**).
    - Samehe wale waliokukosea (**Mathayo 6:14-15**).

---

4. Kutumia Neno la Mungu Kama Mwongozo wa Hekima na Ujasiri

Biblia ni chanzo cha hekima na faraja, hasa wakati wa changamoto. Tunapokutana na hali ngumu, tunapaswa kumkimbilia Mungu kwa kupitia Neno lake.

a) Tafuta Mwongozo Katika Maandiko

- Soma maandiko yanayohusiana na hali yako. Kwa mfano:
    - Ikiwa unakabiliwa na hofu, tafuta andiko kama **Isaya 41:10**.
    - Ikiwa unahitaji hekima, soma **Yakobo 1:5**.

b) Kumbuka Ahadi za Mungu

- Kumbuka kwamba Neno la Mungu limejaa ahadi za kututia nguvu na kutupa faraja. Kwa mfano:
    - **Mathayo 11:28**: "Njoni kwangu, ninyi nyote msumbukao na wenye kulemewa na mizigo, nami nitawapumzisha."
    - **Zaburi 23:1**: "Bwana ndiye mchungaji wangu, sitapungukiwa na kitu."

---

5. Kushiriki Neno la Mungu na Wengine

Sehemu muhimu ya kutafakari Neno la Mungu ni kushirikiana na wengine ili kuwahimiza wakue kiroho na kuelewa zaidi kuhusu Mungu.

a) Shiriki Mafunzo Yako na Familia na Marafiki

- Jadili kile unachojifunza kutoka kwa Biblia na familia yako au marafiki zako. Unaweza kupanga muda wa kujifunza pamoja au kushiriki maombi.

b) Hamasisha Wengine Kusoma Neno la Mungu

- Wahimize watu wengine kusoma Biblia kwa kuwashirikisha maandiko yanayowatia moyo au kuwafundisha kanuni za kiroho.

c) Kuwa Mfano

- Maisha yako yaonyeshe matunda ya kutafakari Neno la Mungu. Hii itawavutia wengine kufuata mfano wako.

---

6. Faida za Kutafakari Neno la Mungu

Kutafakari Neno la Mungu kila siku kuna faida nyingi kwa maisha yetu ya kiroho, kiakili, na kimwili:

a) Kukuza Uhusiano wa Karibu na Mungu

- Tunapojifunza Neno la Mungu na kulitafakari, tunakuwa na uhusiano wa karibu zaidi na Mungu. Hili hutuwezesha kumsikia na kumwelewa zaidi.

b) Kukuza Hekima na Ufahamu

- Biblia inatufundisha jinsi ya kufanya maamuzi bora, kukabiliana na changamoto, na kuishi maisha ya busara.

c) Kukuza Imani na Ujasiri

- Tunapofahamu ahadi za Mungu, tunapata imani na ujasiri wa kushinda changamoto za maisha.

d) Kuhakikisha Mafanikio ya Kiroho

- Kama ilivyoandikwa katika **Yoshua 1:8**, kutafakari Neno la Mungu kila siku hutuwezesha kufanikisha njia zetu na kustawi kiroho.

Kutafakari Neno la Mungu ni sehemu muhimu ya maisha ya kila muumini. Kupitia **Yoshua 1:8**, tunajifunza kwamba kutenga muda wa kusoma, kutafakari, na kutumia Neno la Mungu kunatufanikisha kiroho na kutuwezesha kuishi maisha yenye mafanikio yanayompendeza Mungu. Tunapaswa kujifunza Neno la Mungu kwa nia ya kubadilika na kukua kiroho, na kushiriki Neno lake na wengine ili kuwahamasisha katika safari yao ya kiroho.

Kama **Zaburi 1:2-3** inavyosema:

"Bali furaha yake imo katika sheria ya Bwana, na katika sheria yake huitafakari mchana na usiku. Naye atakuwa kama mti uliopandwa kando ya vijito vya maji, uzaao matunda yake kwa majira yake, wala jani lake halinyauki; na kila alitendalo litafanikiwa."

Tujifunze kutafakari Neno la Mungu kila siku ili kuimarisha imani yetu na kufanikisha maisha yetu kiroho.

Kutumia Neno la Mungu - Kuhifadhi na Kutangaza Maandiko Ili Kufanya Upya Akili (Warumi 12:2)

Warumi 12:2 inasema:

"Wala msiifuatishe namna ya dunia hii; bali mgeuzwe kwa kufanywa upya nia zenu, mpate kujua hakika mapenzi ya Mungu, yaliyo mema, ya kumpendeza, na ukamilifu."

Aya hii inaonyesha umuhimu wa kufanya upya mawazo yetu kwa kutumia Neno la Mungu. Kuhifadhi maandiko moyoni mwetu na kuyatangaza kwa sauti ni njia ya kubadilisha akili na kuishi maisha yanayoendana na mapenzi ya Mungu. Katika sura hii, tutajifunza kwa nini ni muhimu kuhifadhi Maandiko na jinsi ya kutumia Neno la Mungu kuleta mwangaza na hekima katika maisha yetu.

---

1. Umuhimu wa Kuhifadhi Maandiko Moyoni

Katika **Zaburi 119:11**, Daudi anasema: *"Nimelificha neno lako moyoni mwangu, nisije nikakutenda dhambi."*

Hili linaonyesha jinsi kuhifadhi Neno la Mungu moyoni kunavyotusaidia kuepuka dhambi na kuishi maisha matakatifu. Maandiko yaliyohifadhiwa yanakuwa mwongozo wa kila siku, yanapotufundisha, kutufariji, na kutuonyesha njia ya kufuata.

a) Kuhifadhi Maandiko Hutuweka Tayari kwa Changamoto za Kiroho

- Tunapokutana na majaribu, maandiko yaliyohifadhiwa hutoa majibu na nguvu ya kiroho. Yesu alitumia maandiko kumshinda Shetani jangwani aliposhawishiwa (**Mathayo 4:1-11**).
- Neno la Mungu lililohifadhiwa linakuwa silaha ya kiroho inayotusaidia kupinga uongo wa adui na kusimama katika kweli.

b) Kuhifadhi Maandiko Hutufanya Waangalifu Dhidi ya Dhambi

- Neno la Mungu linatufundisha kujua mema na mabaya. Kama Daudi alivyosema, kulihifadhi Neno la Mungu moyoni hutuondoa kutoka kwenye njia ya dhambi na kutufanya tuishi maisha yanayompendeza Mungu.

c) Maandiko Hutoa Mwanga na Ufahamu

- **Zaburi 119:130** inasema:
- *"Kufafanuliwa kwa maneno yako hutoa mwanga; huwapa ufahamu waliokuwa wapumbavu."*
- Maandiko yanapofunuliwa kwetu, yanatupa mwanga wa kuelewa mapenzi ya Mungu na jinsi ya kuishi maisha yaliyojaa hekima na maarifa.

2. Nguvu ya Kutangaza Maandiko

Kuhifadhi Neno la Mungu pekee haitoshi. Tunapaswa pia kujifunza kulitangaza. Kutangaza Maandiko kwa sauti kuna nguvu ya kubadilisha hali zetu za kiroho na za kimwili.

a) Kutangaza Maandiko Hutujaza Imani

- **Warumi 10:17** inasema:
- *"Basi imani, chanzo chake ni kusikia; na kusikia huja kwa neno la Kristo."*
- Tunaposikia Neno la Mungu kwa sauti, tunajijaza imani ya kushinda changamoto na kuimarisha uhusiano wetu na Mungu.

b) Kutangaza Maandiko Hutuimarisha Katika Vita vya Kiroho

- Tunaposhambuliwa na mawazo hasi au mashambulizi ya kiroho, kutangaza Maandiko hutusaidia kuimarisha akili zetu kwa ukweli wa Mungu.
- Yesu alitangaza Neno la Mungu alipokuwa akijaribiwa na Shetani, akisema mara kwa mara, *"Imeandikwa..."* Hii inatufundisha umuhimu wa kutumia Neno la Mungu kama silaha dhidi ya majaribu.

c) Kutangaza Maandiko Hujenga Moyo wa Kujiamini

- Tunapotangaza ahadi za Mungu juu ya maisha yetu, tunajikumbusha uwezo wa Mungu na upendo wake. Hii hutujengea ujasiri wa kusonga mbele hata katikati ya changamoto.

---

3. Jinsi ya Kuhifadhi na Kutangaza Maandiko

a) Kuhifadhi Maandiko Moyoni

1. **Chagua Maandiko Muhimu:** Tafuta maandiko yanayohusiana na hali yako au changamoto unazokutana nazo.
2. **Rudia Kila Siku:** Soma na rudia andiko mara kwa mara hadi uweze kulikumbuka.
3. **Andika Maandiko:** Andika maandiko kwenye daftari, karatasi, au hata kwenye simu yako. Hii inakusaidia kulikumbuka vizuri.

4. **Tumia Njia za Kumbukumbu:** Tumia njia za kufurahisha kama nyimbo au mifumo ya maneno ili kuhifadhi maandiko kwa urahisi.

b) Kutangaza Maandiko

1. **Tangaza Maandiko Kila Siku:** Jitahidi kutangaza ahadi za Mungu juu ya maisha yako kila asubuhi au wakati wa maombi.
2. **Tangaza Katika Changamoto:** Unapokutana na changamoto, tangaza maandiko yanayohusiana na hali hiyo. Kwa mfano:
   - Ikiwa unakabiliwa na hofu, tangaza **Isaya 41:10:** *"Usiogope, maana mimi ni pamoja nawe..."*
   - Ikiwa unahitaji ulinzi, tangaza **Zaburi 23:4:** *"Naam, nijapopita kati ya bonde la uvuli wa mauti, sitaogopa mabaya..."*
3. **Tumia Maandiko Katika Maombi:** Rudia Maandiko unapokuwa unaomba ili kuyaweka wazi katika moyo wako na akili yako.

---

4. Matokeo ya Kuhifadhi na Kutangaza Maandiko

a) Akili Inafanywa Upya

- Kama **Warumi 12:2** inavyosema, kutafakari na kuhifadhi Maandiko kunafanya akili zetu upya. Tunabadilika kutoka kufuata mitindo ya dunia na kuanza kuishi kulingana na mapenzi ya Mungu.

b) Nguvu Dhidi ya Dhambi

- Kuhifadhi Neno la Mungu hutufanya waangalifu dhidi ya dhambi, na kutangaza maandiko hutufanya kuwa washindi dhidi ya vishawishi.

c) Amani na Furaha ya Kiroho

- Tunapohifadhi na kutangaza Maandiko, tunapata amani ya kiroho na furaha inayotokana na kumjua Mungu kwa undani zaidi. **Zaburi 119:165** inasema:

"Wenye amani kuu ni wale waipendao sheria yako, Wala hawana kitu chochote kitakachowakwaza."

Kuhifadhi na kutangaza Neno la Mungu ni hatua muhimu ya kufanya upya akili na kuimarisha maisha ya kiroho. Kama **Zaburi 119:11** na **Zaburi 119:130** zinavyotuonyesha, Neno la Mungu lina uwezo wa kutoa mwanga, hekima, na ulinzi dhidi ya dhambi.

Tunapaswa kujifunza kulihifadhi moyoni mwetu kwa kuzingatia, kulisoma, na kulitangaza kila siku. Kwa kufanya hivyo, tutaimarisha imani yetu, kushinda dhambi, na kuishi maisha yaliyojaa ushindi katika Kristo Yesu. Kama **Yoshua 1:8** inavyosema:

"Kitabu hiki cha sheria kisiondoke kinywani mwako, bali yatafakari maneno yake mchana na usiku, upate kuangalia kufanya sawasawa na yote yaliyoandikwa humo; maana ndipo utakapofanikisha njia yako, kisha ndipo utakapostawi sana."

Hivyo basi, tuazimie kuhifadhi Neno la Mungu katika mioyo yetu na kulitangaza kwa imani, ili tuweze kuishi maisha yanayomletea Mungu utukufu na kutufanikisha kiroho.

SURA YA 05

Maombi na Vita vya Kiroho

Nafasi ya Maombi Katika Kuvunja Ngome

Maombi ni mojawapo ya silaha kuu ambazo Mungu ametupatia ili kushiriki katika vita vya kiroho na kuvunja ngome za kiroho. Ni kiunganishi cha kipekee kati ya mwanadamu na Mungu ambacho huleta ufanisi wa kiroho, nguvu, na ushindi dhidi ya vizuizi vinavyotuzuia kufikia mapenzi ya Mungu. Katika sura hii, tutaelewa maana ya maombi na vita vya kiroho kiuhalisia, nafasi ya maombi katika kuvunja ngome, na jinsi tunavyoweza kushiriki katika vita hivi vya kiroho kwa mafanikio.

1. Maombi Ni Nini Kiuhalisia?

Theolojia ya maombi inaeleza kwamba maombi ni mazungumzo ya moja kwa moja kati ya mtu na Mungu. Ni tendo la kiroho ambalo linaonyesha uhusiano wa mtu binafsi na Mungu, linaimarisha imani, na kufungua njia za neema na msaada wa Mungu.

Mambo ya Msingi Kuhusu Maombi:

1. **Maombi ni Ibada:** Ni tendo la kumwabudu Mungu, kumshukuru, na kutambua ukuu wake.
2. **Maombi ni Mtazamo wa Unyenyekevu:** Kwa kuomba, tunakiri kuwa hatuwezi kushinda changamoto za maisha au kuvunja ngome bila msaada wa Mungu.
3. **Maombi ni Silaha ya Kiungu:** Katika **Waefeso 6:18**, Paulo anasema: *"Sala zote na maombi mkisali kila wakati katika Roho..."* Hii inaonyesha jinsi maombi yanavyokuwa sehemu muhimu ya silaha za kiroho.

Maombi sio tu kutoa mahitaji yetu kwa Mungu, bali pia ni wakati wa kuwasiliana naye, kupokea mwongozo wake, na kupata nguvu mpya za kiroho.

---

2. Vita vya Kiroho Ni Nini Kiuhalisia?

Theolojia ya vita vya kiroho inaeleza kwamba ni mapambano ya kiroho yanayoendelea kati ya nguvu za Mungu na nguvu za adui (Shetani) zinazopinga mapenzi ya Mungu. Vita hivi si vya kimwili bali ni vya kiroho, na vinafanyika katika ulimwengu wa kiroho lakini vina athari katika maisha ya kimwili.

Mambo ya Msingi Kuhusu Vita vya Kiroho:

1. **Vita vya Akili na Roho:** Vita vya kiroho mara nyingi hujikita katika mawazo na mioyo yetu. Kama ilivyoandikwa katika **2 Wakorintho 10:3-5**: *"Kwa maana ingawa tunaenenda katika mwili, hatufanyi vita kwa jinsi ya mwili; maana silaha za vita vyetu si za mwili, bali zina uwezo katika Mungu hata kuangusha ngome..."*
2. **Adui ni Nani?** Adui mkuu katika vita vya kiroho ni Shetani, ambaye hufanya kazi kupitia majaribu, uongo, na dhambi.
3. **Silaha za Vita vya Kiroho:** Tunapewa silaha za kiroho katika **Waefeso 6:10-18**, ambazo ni

pamoja na ulinzi wa kiroho na maombi kama silaha zenye nguvu.

Vita vya kiroho vina lengo la kuangusha ngome za uongo, hofu, dhambi, na nguvu za adui zinazoizuia nafsi ya mwanadamu kuishi katika uhuru wa Kristo.

---

3. Nafasi ya Maombi Katika Kuvunja Ngome

Maombi ni kiungo muhimu katika vita vya kiroho na kuvunja ngome za kiroho. Haya ndiyo maeneo muhimu ambayo maombi husaidia:

a) Maombi Yanafungua Mlango wa Mungu Kuingilia Kati

Maombi hutuunganisha moja kwa moja na nguvu za Mungu. Tunapomwomba Mungu, tunamkaribisha kufanya kazi katika hali zetu, kuvunja ngome, na kutoa ushindi. **Yeremia 33:3** inasema:

"Niite, nami nitakuitikia, nami nitakuonyesha mambo makubwa, magumu usiyoyajua."

b) Maombi ni Silaha Dhidi ya Nguvu za Adui

Tunaposhiriki katika maombi, tunapigana vita vya kiroho dhidi ya nguvu za adui. **Yakobo 4:7** inasema: *"Basi mtiini Mungu. Mpingeni Shetani, naye atawakimbia."* Kupitia maombi, tunapata nguvu za kumpinga adui na kuvunja kazi zake.

c) Maombi Yanabadilisha Akili na Mioyo

Maombi yanasaidia kufanya upya akili zetu, kutufanya tuone hali zetu kwa mtazamo wa kiroho, na kujaza mioyo yetu imani na amani. **Warumi 12:2** inatufundisha umuhimu wa kufanya upya mawazo yetu ili kuyalinganisha na mapenzi ya Mungu.

---

4. Hatua za Kivitendo za Kushiriki Katika Maombi na Vita vya Kiroho

a) Omba kwa Imani

Maombi yanapaswa kuwa ya imani. **Waebrania 11:6** inasema:
"Bila imani haiwezekani kumpendeza Mungu..." Omba ukijua kwamba Mungu anaweza na atajibu maombi yako.

b) Omba kwa Nguvu ya Roho Mtakatifu

Omba kwa msaada wa Roho Mtakatifu, ambaye hutufundisha jinsi ya kuomba. Katika **Warumi 8:26**, tunasoma:
"Vivyo hivyo Roho naye hutusaidia udhaifu wetu; kwa maana hatujui kuomba jinsi itupasavyo, lakini Roho mwenyewe hutuombea kwa kuugua kusikoweza kutamkwa."

c) Omba kwa Neno la Mungu

Tumia maandiko katika maombi yako. Maandiko yana nguvu ya kuharibu ngome na kupigana vita vya kiroho. Kwa mfano:

- Unaposhambuliwa na hofu, omba kwa kutumia **Isaya 41:10**: *"Usiogope, maana mimi ni pamoja nawe..."*
- Unapokutana na majaribu, tangaza **1 Wakorintho 10:13**: *"Hakuna jaribu lolote lililowapata ninyi ambalo si la kawaida kwa wanadamu. Lakini Mungu ni mwaminifu..."*

d) Omba Mara kwa Mara

Maombi yanapaswa kuwa mazoea ya kila siku. **1 Wathesalonike 5:17** inasema: *"Ombeni bila kukoma."* Hii inamaanisha kwamba tunapaswa kuwa katika hali ya maombi kila wakati, tukimshirikisha Mungu katika kila hali.

e) Shirikiana na Wengine Katika Maombi

Ushirika wa maombi na waumini wengine ni nguvu kubwa. Yesu alisema katika **Mathayo 18:19-20**: *"Tena nawaambia ya kwamba wawili wenu wakipatana duniani kuhusu jambo lolote watakaloliomba, watafanyiwa na Baba yangu aliye mbinguni."*

5. Ushuhuda wa Maombi Katika Biblia

Biblia inatoa mifano mingi ya nguvu za maombi katika kuvunja ngome:

- **Danieli:** Alipiga magoti mara tatu kwa siku kuomba Mungu, na maombi yake yalivunja ngome za dhambi na hofu hata alipokuwa katika shimo la simba (**Danieli 6:10-22**).
- **Nehemia:** Nehemia aliomba msaada wa Mungu alipokuwa akijenga upya ukuta wa Yerusalemu, na Mungu alimpa ushindi (**Nehemia 1:4-11**).
- **Yesu Kristo:** Yesu aliomba katika bustani ya Gethsemane kabla ya kusulubiwa, na maombi yake yalimpa nguvu ya kushinda mateso yake (**Mathayo 26:36-46**).

Maombi ni sehemu muhimu ya vita vya kiroho na ni silaha yenye nguvu ya kuvunja ngome za kiroho. Kupitia maombi, tunapata nguvu za kiroho, mwongozo wa Mungu, na uwezo wa kushinda nguvu za adui. Kama **Waefeso 6:18** inavyotufundisha, tunapaswa kusali kwa bidii kila wakati kwa msaada wa Roho Mtakatifu.

Tunapojifunza kuomba kwa imani, kwa Neno la Mungu, na kwa msaada wa Roho Mtakatifu, tutashuhudia ngome zikivunjwa na ushindi wa kiroho katika maisha yetu. **Yeremia 33:3** inatuhakikishia:

"Niite, nami nitakuitikia, nami nitakuonyesha mambo makubwa, magumu usiyoyajua."

Tujifunze kutegemea maombi na kujiandaa kwa vita vya kiroho ili kuishi maisha ya ushindi ndani ya Kristo Yesu.

Mifano ya Maombi Yenye Nguvu Katika Biblia (Danieli na Nehemia)

Maombi ni kiini cha maisha ya kiroho na ni njia ya kuwasiliana na Mungu. Katika Biblia, tunapata mifano ya maombi yenye nguvu kutoka kwa watu wa Mungu ambao walimwomba Mungu kwa bidii na kuona matokeo makubwa. Miongoni mwa maombi haya ni maombi ya Danieli katika sura ya 9 na 10, pamoja na maombi ya Nehemia. Katika sura hii, tutaangalia kwa kina maombi haya, kuchambua kwa nini yalikuwa na nguvu, na kujifunza kwa nini maombi ni ya lazima kwa kila muumini.

---

1. Maombi ya Danieli (Danieli 9:1-19)

Katika sura ya 9 ya kitabu cha Danieli, tunasoma jinsi Danieli alivyokuwa na bidii katika maombi kwa ajili ya taifa la Israeli. Alielewa kupitia maandiko ya nabii Yeremia kwamba kipindi cha uhamisho wa Babeli kilikuwa kimekaribia mwisho wake (Danieli 9:2). Hii ilimfanya aanguke mbele za Mungu kwa maombi na maombezi.

a) Sifa za Maombi ya Danieli

1. **Maombi Yaliyotokana na Ufahamu wa Maandiko:** Danieli alisoma maandiko na kuelewa mapenzi ya Mungu kuhusu taifa lake. Alijua ahadi ya Mungu kupitia Yeremia na akaitumia kama msingi wa maombi yake.
    - *"Nami nikamwelekeza Bwana Mungu uso wangu, ili kumtafuta kwa maombi na dua..."* (**Danieli 9:3**).
2. **Unyenyekevu Mbele za Mungu:** Danieli alijinyenyekeza kwa kufunga na kuomba, akitambua kwamba Mungu peke yake alikuwa na uwezo wa kurejesha taifa lake.
    - *"Ee Bwana, Mungu mkuu wa kutisha, ushikaye agano na rehema kwao wampendao..."* (**Danieli 9:4**).
3. **Maombezi kwa Ajili ya Taifa:** Danieli hakuomba kwa ajili yake tu, bali aliomba kwa

ajili ya watu wa Mungu wote, akitubu dhambi zao na kuomba huruma ya Mungu.

- *"Tumesema na kufanya maovu, tumefanya maasi..."* (**Danieli 9:5**).

b) Matokeo ya Maombi ya Danieli

Maombi ya Danieli yalijibiwa kwa njia ya ajabu. Malaika Gabrieli alitumwa kumwelezea maono na kumpa mwongozo wa kiroho. Hili linaonyesha jinsi Mungu anavyojibu maombi yenye bidii na unyenyekevu.

- *"Ee Danieli, nimekuja sasa kukupa akili na ufahamu..."* (**Danieli 9:22**).

---

2. Maombi ya Danieli (Danieli 10:1-14)

Katika sura ya 10, tunaona Danieli akijiingiza katika maombi ya kufunga kwa muda wa siku 21 kwa ajili ya maono aliyopokea kuhusu mustakabali wa Israeli. Maombi haya yanaonyesha uvumilivu na nguvu ya maombi yenye kuendelea.

a) Sababu za Maombi ya Danieli

1. **Kutafuta Ufahamu wa Kiungu:** Danieli alitaka kuelewa maono aliyokuwa amepokea. Hili lilimfanya aombe kwa bidii huku akijinyima chakula na anasa.
   - *"Sikula chakula kitamu, wala nyama wala divai havikuingia kinywani mwangu..."* (**Danieli 10:3**).
2. **Kupigana Vita vya Kiroho:** Katika maombi haya, tunaona kwamba kulikuwa na upinzani wa kiroho. Malaika alipoletwa kupeleka jibu, alicheleweshwa kwa sababu ya vita vya kiroho.
   - *"Lakini mkuu wa ufalme wa Uajemi alinipinga siku ishirini na moja..."* (**Danieli 10:13**).

b) Matokeo ya Maombi ya Danieli

Kwa uvumilivu wake, Danieli alipokea jibu kutoka kwa Mungu. Hii inatufundisha kwamba maombi yanahitaji uvumilivu na imani licha ya kucheleweshwa kwa majibu.

---

3. Maombi ya Nehemia (Nehemia 1:4-11)

Maombi ya Nehemia ni mfano mwingine wa maombi yenye nguvu. Nehemia alipopokea habari za hali mbaya ya Yerusalemu, alijawa na huzuni na akamwomba Mungu kwa bidii ili kupata msaada wake.

a) Sifa za Maombi ya Nehemia

1. **Maombi Yenye Huruma:**

Nehemia aliguswa na hali ya watu wa Mungu, na maombi yake yalikuwa ya huruma na moyo wa maumivu.

- *"Hata ikawa niliposikia maneno haya, nikaketi, nikalilia, nikaomboleza siku kadhaa, nikafunga na kuomba mbele za Mungu wa mbinguni..."* (**Nehemia 1:4**).

2. **Kutubu Kwa Niaba ya Taifa:**

Kama Danieli, Nehemia pia alitubu kwa ajili ya dhambi za watu wa Mungu.

- *"Tumekukosea... sisi na nyumba ya baba yangu..."* (**Nehemia 1:6-7**).

3. **Maombi ya Imani:**

Nehemia aliomba kwa imani, akijua kwamba Mungu anaweza kutenda kulingana na ahadi zake.

- *"Ee Bwana, nakusihi, likumbuke neno lile ulilomwamuru mtumishi wako..."* (**Nehemia 1:8-9**).

b) Matokeo ya Maombi ya Nehemia

Nehemia alipata kibali cha mfalme na rasilimali za kujenga tena ukuta wa Yerusalemu. Maombi yake yalikuwa mwanzo wa ujenzi mpya wa mji wa Mungu.

---

4. Kwa Nini Maombi ni ya Lazima?

Kutoka kwenye mifano ya Danieli na Nehemia, tunaona kwa nini maombi ni muhimu:

a) Maombi Huwasiliana na Mungu

- Maombi ni njia ya kuungana na Mungu na kumkaribisha katika hali zetu.

b) Maombi Hutoa Nguvu Dhidi ya Ngome

- Tunaposhiriki katika maombi, tunapata nguvu za kuvunja ngome za kiroho na kushinda vita vya kiroho.

c) Maombi Yanaleta Mabadiliko

- Danieli na Nehemia waliona mabadiliko makubwa kupitia maombi yao. Hii inatufundisha kwamba maombi yanaweza kuleta mabadiliko ya hali zetu.

d) Maombi Yanatufundisha Uvumilivu na Imani

- Danieli alisubiri kwa siku 21 na Nehemia alionyesha uvumilivu katika kutafuta kibali cha Mungu. Maombi yanatufundisha kutovunjika moyo, hata tunapokosa kuona matokeo ya haraka.

Maombi ni nguzo ya maisha ya kiroho na ni silaha yenye nguvu katika kuvunja ngome na kushinda changamoto za kiroho. Kutoka kwa mifano ya Danieli na Nehemia, tunaona kwamba maombi yenye unyenyekevu, imani, na uvumilivu huleta majibu ya ajabu kutoka kwa Mungu. Kama waumini, tunapaswa kufanya maombi kuwa sehemu ya maisha yetu ya kila siku, tukijifunza kuomba kwa bidii, kwa uvumilivu, na kwa imani thabiti katika ahadi za Mungu.

Yeremia 33:3 inasema:

"Niite, nami nitakuitikia, nami nitakuonyesha mambo makubwa, magumu usiyoyajua."

Hii inatufundisha kwamba Mungu yuko tayari kujibu maombi yetu na kutenda kwa niaba yetu tunapomwita kwa bidii. Maombi si chaguo bali ni lazima kwa kila mtu anayetamani kuona mkono wa Mungu ukifanya kazi maishani mwake.

Kushiriki katika Vita vya Kiroho - Silaha za Mungu (Waefeso 6:10-18)

Katika sura ya 6 ya Waefeso, Paulo anatufundisha juu ya vita vya kiroho na jinsi ya kushiriki kwa mafanikio kwa kutumia silaha za Mungu. Silaha hizi za kiroho ni za lazima kwa kila muumini ili kushinda mashambulizi ya adui na kusimama imara katika imani. Katika sura hii, tutachunguza maana ya silaha za Mungu, jinsi ya kuzivaa, na jinsi tunavyoweza kuzitumia katika mapambano ya kiroho.

---

1. Silaha za Mungu ni Nini?

Silaha za Mungu ni vifaa vya kiroho ambavyo Mungu ametupatia ili kutuwezesha kupambana na nguvu za giza, uongo wa adui, na majaribu ya kiroho. Kama Paulo anavyosema katika **Waefeso 6:12**:

"Kwa maana kushindana kwetu sisi si juu ya damu na nyama, bali ni juu ya falme na mamlaka, juu ya wakuu wa giza hili, juu ya majeshi ya pepo wabaya katika ulimwengu wa roho."

Silaha hizi hutuandaa kupambana na nguvu hizi za kiroho na kushinda katika vita vya kiroho.

---

2. Maelezo ya Silaha za Mungu

Paulo anataja vipengele sita vya silaha za Mungu ambavyo ni muhimu kwa kila muumini. Hivi ndivyo vinavyounda silaha kamili za kiroho:

a) Ukanda wa Kweli

"Basi simameni hali mmejifunga kweli viunoni mwenu..." (**Waefeso 6:14**).

- Ukanda wa kweli ni msingi wa silaha zote. Kweli hutufanya tuwe tayari kupinga uongo wa Shetani na kusimama imara katika mapenzi ya Mungu.
- Kristo mwenyewe alisema: *"Ninyi mtaufahamu ukweli, na huo ukweli utawaweka huru"* (**Yohana 8:32**).

b) Dirii ya Haki

"Na kuvaa dirii ya haki..." (**Waefeso 6:14**).

- Dirii ya haki inalinda moyo na nafsi zetu dhidi ya mashambulizi ya adui. Haki hii si yetu binafsi bali ni haki tunayopokea kupitia Kristo.
- Kama **2 Wakorintho 5:21** inavyosema: *"Yeye asiyejua dhambi alifanywa dhambi kwa ajili yetu, ili sisi tupate kuwa haki ya Mungu katika Yeye."*

c) Viatu vya Injili ya Amani

"Na kufungiwa miguu utayari tupatao kwa Injili ya amani..." (**Waefeso 6:15**).

- Viatu vya Injili hutufanya tuwe tayari kueneza amani ya Mungu popote tunapoenda.
- Injili hutupatia uthabiti wa kiroho na msingi wa kusimama thabiti hata tunapokutana na changamoto.

d) Ngao ya Imani

"Zaidi ya yote, mkitwaa ngao ya imani, ambayo kwa hiyo mtaweza kuizima mishale yote yenye moto ya yule mwovu." (**Waefeso 6:16**).

- Ngao ya imani inalinda dhidi ya mashambulizi ya adui kama mashaka, hofu, na woga.
- Imani hutuunganisha na nguvu za Mungu na kutufanya tuweze kushinda kila jaribu. Kama **Waebrania 11:6** inavyosema: *"Bila imani haiwezekani kumpendeza Mungu."*

e) Chapeo ya Wokovu

"Twaa chapeo ya wokovu..." (**Waefeso 6:17**).

- Chapeo ya wokovu inalinda mawazo yetu. Wokovu wetu ni tumaini na uhakika wa ushindi wetu dhidi ya adui.
- Kama Paulo anavyosema katika **Warumi 8:1**: *"Sasa, basi, hakuna hukumu kwa wale walio katika Kristo Yesu."*

f) Upanga wa Roho - Neno la Mungu

"Na upanga wa Roho, ambao ni neno la Mungu..." (**Waefeso 6:17**).

- Upanga wa Roho ni silaha pekee ya kushambulia. Ni Neno la Mungu ambalo linatupa nguvu ya kupigana na uongo wa adui.
- Yesu alitumia Neno la Mungu kumshinda Shetani jangwani aliposema mara kwa mara, *"Imeandikwa..."* (**Mathayo 4:1-11**).

---

3. Jinsi ya Kuvaa Silaha za Mungu

Kuvaa silaha za Mungu ni tendo la kiroho linalohitaji mazoea ya kila siku na uhusiano wa karibu na Mungu. Hapa kuna hatua za kivitendo za jinsi ya kuzivaa silaha za Mungu:

a) Anza Siku Yako na Maombi

- Omba Mungu akupe nguvu za kuvaa silaha zote za kiroho. Mwambie akuongoze na kukupa ulinzi dhidi ya mashambulizi ya adui.

b) Tafakari Neno la Mungu

- Soma Biblia kila siku na tafakari maana ya maandiko. Neno la Mungu ni msingi wa silaha zote za kiroho.

c) Kiri Ahadi za Mungu

- Tangaza ahadi za Mungu kwa sauti na usimame katika ukweli wa Neno lake. Hii ni sehemu ya kutumia "upanga wa Roho."

d) Fanya Maamuzi Yanayolingana na Haki ya Mungu

- Katika maisha yako ya kila siku, hakikisha kwamba matendo yako yanaendana na haki ya Mungu. Hii ni sehemu ya kuvaa "dirii ya haki."

e) Shiriki Habari Njema

- Fanya juhudi za kueneza Injili ya amani kwa watu wengine. Hii ni sehemu ya kuvaa "viatu vya Injili ya amani."

---

4. Jinsi ya Kutumia Silaha za Mungu Katika Vita vya Kiroho

Kuzivaa silaha za Mungu ni hatua ya kwanza, lakini ni muhimu pia kuzitumia kikamilifu katika vita vya kiroho. Hapa kuna jinsi tunavyoweza kushiriki vita vya kiroho kwa kutumia silaha za Mungu:

a) Simama Thabiti Dhidi ya Adui

- Paulo anasema mara tatu katika Waefeso 6:11-14, *"Simameni imara."* Hii inaonyesha umuhimu wa kusimama thabiti dhidi ya mashambulizi ya adui.

b) Tumia Neno la Mungu Kama Silaha

- Tumia Neno la Mungu kukabiliana na uongo wa adui na majaribu. Tangaza maandiko yanayohusiana na hali yako.

c) Omba Bila Kukoma

- Paulo anahitimisha maelezo ya silaha za Mungu kwa kusema:
- *"Sala zote na maombi mkisali kila wakati katika Roho..."* (**Waefeso 6:18**).
- Maombi ni muhimu kwa kuimarisha silaha zote za kiroho.

---

5. Kwa Nini Silaha za Mungu ni Muhimu?

a) Zinatupa Ulinzi Dhidi ya Adui

- Silaha za Mungu zinalinda kila sehemu ya maisha yetu ya kiroho dhidi ya mashambulizi ya Shetani.

b) Zinatupa Ushindi Katika Vita vya Kiroho

- Tunapovaa silaha za Mungu, tunakuwa na uhakika wa kushinda vita vya kiroho.

c) Zinatufanya Tuishi Maisha ya Ushindi

- Silaha za Mungu zinatufanya tuwe waangalifu, wenye nguvu, na washindi katika maisha yetu ya kiroho.

Silaha za Mungu ni zana muhimu kwa kila muumini kushinda vita vya kiroho. Kila sehemu ya silaha hizi ina umuhimu wake wa kipekee na inatufundisha jinsi ya kushinda mashambulizi ya adui. Kama **Waefeso 6:13** inavyosema:

"Kwa sababu hiyo twaeni silaha zote za Mungu, mpate kuweza kushindana siku ya uovu, na mkiisha kuyatimiza yote, kusimama."

Kwa hivyo, tuzivae silaha hizi kila siku, tuzitumie kwa bidii, na tusimame thabiti katika ushindi wa Kristo Yesu.

Maombi ya Ukombozi na Uponyaji

Maombi ni sehemu muhimu ya vita vya kiroho. Katika **Waefeso 6:18**, Paulo anatoa mwongozo wa kipekee kwa kusema:

"Sala zote na maombi mkisali kila wakati katika Roho, mkikesha kwa jambo hilo kwa kudumu katika kuwaombea watakatifu wote."

Aya hii inaonyesha kwamba maombi ni silaha yenye nguvu ya kiroho, hasa maombi ya ukombozi na uponyaji, ambayo yana nafasi ya kipekee katika kupambana na changamoto za kiroho na kimwili. Katika sura hii, tutaelewa maana ya maombi haya mawili, jinsi yanavyohusiana, na umuhimu wao katika theolojia ya Kikristo.

---

1. Maombi ya Ukombozi: Maana Yake na Umuhimu Wake

a) Maana ya Maombi ya Ukombozi

Maombi ya ukombozi ni maombi yanayolenga kufungua watu kutoka kwa vifungo vya kiroho, dhambi, uonevu wa kipepo, au nguvu za giza ambazo zimewakamata. Ukombozi ni tendo la kumwachilia mtu kutoka kwenye utumwa wa kiroho ili aweze kuishi kwa uhuru katika Kristo.

Andiko Muhimu:

- Katika **Luka 4:18**, Yesu alisema: *"Roho wa Bwana yu juu yangu, kwa maana amenitia mafuta kuwahubiri maskini habari njema. Amenituma kuwatangazia wafungwa kufunguliwa kwao, na vipofu kupata kuona tena, kuwaacha huru waliosetwa."* Hii inaonyesha kwamba ukombozi ni sehemu muhimu ya huduma ya Kristo.

b) Lengo la Maombi ya Ukombozi

- Kuondoa minyororo ya kiroho, kama vile ulevi, dhambi za mazoea, hofu, na vizuizi vya kiroho.
- Kupambana na nguvu za giza zinazoshikilia maisha ya mtu.
- Kuimarisha uhuru wa kiroho na uhusiano wa mtu na Mungu.

c) Mifano ya Ukombozi Katika Biblia

- **Yesu anapokemea pepo wachafu:** Katika **Marko 5:1-20**, Yesu alimkomboa mtu aliyekuwa amepagawa na pepo wa Legioni.
- **Paulo na Sila gerezani:** Katika **Matendo 16:25-34**, maombi yao yalisababisha kufunguliwa kwa minyororo ya kiroho na ya kimwili.

2. Maombi ya Uponyaji: Maana Yake na Umuhimu Wake

a) Maana ya Maombi ya Uponyaji

Maombi ya uponyaji ni maombi yanayolenga kumwomba Mungu alete afya na urejesho katika maeneo ya mwili, akili, na roho. Uponyaji unaweza kuwa wa kimwili, wa kihemko, au wa kiroho.

Andiko Muhimu:

- Katika **Yakobo 5:14-15**, tunasoma: *"Mtu wa kwenu amekuwa hawezi? Na awaite wazee wa kanisa, nao wamwombee, wakimpaka mafuta kwa jina la Bwana. Na kuomba kwa imani kutamwokoa mgonjwa, na Bwana atamwinua; hata ikiwa amefanya dhambi, atasamehewa."*

b) Lengo la Maombi ya Uponyaji

- Kuondoa magonjwa ya mwili na maumivu.
- Kurudisha afya ya kihemko na roho.
- Kuonyesha utukufu wa Mungu kwa njia ya urejesho wa afya.

c) Mifano ya Uponyaji Katika Biblia

- **Yesu akimponya mwanamke aliyekuwa na damu kwa miaka 12:** Katika **Marko 5:25-34**, Yesu alimponya mwanamke kwa imani yake.
- **Uponyaji wa vipofu:** Yesu aliwaponya vipofu mara nyingi, kama ilivyo katika **Yohana 9:1-7**, akionyesha kwamba yeye ndiye nuru ya ulimwengu.

---

3. Uhusiano Kati ya Maombi ya Ukombozi na Uponyaji

Maombi ya ukombozi na uponyaji yana uhusiano wa karibu sana theolojia, kwani yote yanahusiana na kazi ya Kristo ya kumwokoa mwanadamu kikamilifu.

a) Yote Yanahusu Uhuru Katika Kristo

- Ukombozi unalenga kumwacha mtu huru kutoka kwa minyororo ya kiroho, wakati uponyaji unalenga kurejesha afya na utimilifu wa mtu kwa ujumla.

b) Chanzo Kimoja: Yesu Kristo

- Ukombozi na uponyaji vyote vina chanzo kimoja, ambacho ni Yesu Kristo. Katika **Isaya 53:5**, tunasoma:

"Bali alijeruhiwa kwa makosa yetu, Alichubuliwa kwa

maovu yetu; Adhabu ya amani yetu ilikuwa juu yake, Na kwa kupigwa kwake sisi tumepona."

- Hii inamaanisha kwamba kupitia mateso ya Kristo, tumepokea ukombozi na uponyaji.

c) Matokeo: Urejesho wa Uhusiano na Mungu

- Ukombozi na uponyaji vyote vinarejesha uhusiano wa mtu na Mungu, kuhakikisha kwamba mtu anaishi maisha yenye uhuru, amani, na afya katika mwili, akili, na roho.

---

4. Jinsi ya Kushiriki Katika Maombi ya Ukombozi na Uponyaji

a) Kusali kwa Imani

- Imani ni msingi wa maombi yote. Kama Yesu alivyosema katika **Mathayo 21:22**: *"Na lolote mtakaloliomba kwa imani katika sala, mtapewa."*

b) Kutegemea Nguvu ya Jina la Yesu

- Maombi yote ya ukombozi na uponyaji yanapaswa kufanyika kwa jina la Yesu Kristo, kwani ni jina lenye mamlaka juu ya kila kitu (**Wafilipi 2:9-11**).

c) Kushirikisha Maandiko

- Tumia Neno la Mungu kama msingi wa maombi yako. Maandiko kama **Zaburi 107:20** yanatufundisha kwamba Mungu *"alituma neno lake, akawaponya."*

d) Kumtegemea Roho Mtakatifu

- Roho Mtakatifu ndiye anayetuongoza katika maombi. **Warumi 8:26** inasema:
- *"Vivyo hivyo Roho naye hutusaidia udhaifu wetu; kwa maana hatujui kuomba jinsi itupasavyo, lakini Roho mwenyewe hutuombea kwa kuugua kusikoweza kutamkwa."*

e) Kutubu na Kusamehe

- Kabla ya kuomba ukombozi au uponyaji, ni muhimu kutubu dhambi na kuwa na moyo wa kusamehe wengine. Hii inaweka msingi wa maombi yenye nguvu.

---

5. Kwa Nini Maombi ya Ukombozi na Uponyaji ni ya Lazima?

a) Yanatoa Ushindi Dhidi ya Adui

- Ukombozi unaleta uhuru kutoka kwa vifungo vya Shetani, wakati uponyaji unaleta urejesho wa mwili na roho.

b) Yanathibitisha Nguvu ya Mungu

- Maombi haya yanathibitisha kwamba Mungu ni mwenye nguvu juu ya dhambi, magonjwa, na nguvu za giza.

c) Yanajenga Imani

- Tunaposhuhudia ukombozi na uponyaji, imani yetu inakua, na tunakuwa na ujasiri wa kumtegemea Mungu zaidi.

Maombi ya ukombozi na uponyaji ni silaha zenye nguvu katika vita vya kiroho. Yanatuonyesha kwamba Mungu ni mwaminifu na ana uwezo wa kutuweka huru kutoka kwa minyororo ya kiroho na kuturejesha katika afya ya mwili, akili, na roho. Kama **Waefeso 6:18** inavyotufundisha, tunapaswa kuomba kila wakati kwa aina zote za maombi, tukimkabidhi Mungu hali zetu na kuamini kwamba atatenda.

Kama Yesu alivyosema katika **Yohana 14:13**: *"Nanyi lolote mtakaloliomba kwa jina langu, hilo nitalifanya, ili Baba atukuzwe ndani ya Mwana."*

Tunapaswa kujifunza kumwomba Mungu kwa bidii, tukitegemea nguvu za jina la Yesu ili kushinda kila changamoto ya kiroho na kimwili.

SURA YA 06

Imani Kama Silaha Dhidi ya Ngome

Imani ni msingi wa maisha ya Kikristo na silaha kuu katika kushinda ngome za kiroho. Kupitia imani, waumini wanapata nguvu za kiroho, ujasiri wa kushinda vikwazo, na uwezo wa kuvunja minyororo ya dhambi na hofu. Sura hii itachunguza maana ya imani kimaandiko na kitheolojia, umuhimu wake katika kuvunja ngome, na jinsi inavyotumika kama silaha madhubuti ya kiroho.

1. Imani Ni Nini Kitheolojia?

Kulingana na Biblia, imani ni ujasiri wa kumtumainia Mungu na neno lake hata kama hali ya sasa haionyeshi matokeo ya moja kwa moja. **Waebrania 11:1** inasema: *"Basi imani ni kuwa na hakika ya mambo yatarajiwayo, ni bayana ya mambo yasiyoonekana."*

a) Sifa Muhimu za Imani

1. **Uhakika wa Neno la Mungu:**

Imani si hisia bali ni uamuzi wa kuamini Neno la Mungu hata kama hali inaonekana tofauti.

- **Warumi 10:17:** *"Basi imani, chanzo chake ni kusikia; na kusikia huja kwa neno la Kristo."*

2. **Imani Inayolenga Matokeo ya Kiungu:**

Imani huwezesha waumini kuona zaidi ya hali za sasa na kumtumaini Mungu kwa mambo makubwa.

- **Marko 11:23:** *"Amin, nawaambia, ye yote atakayeuambia mlima huu, Ng'oka ukatupwe baharini, wala asione shaka moyoni mwake, ila aamini kwamba hayo asemayo yametukia, litakuwa lake."*

3. **Imani Kama Kifungo Cha Uhusiano na Mungu:**

Imani ndiyo njia ya kuunganishwa na Mungu. Bila imani, haiwezekani kumpendeza Mungu.

- **Waebrania 11:6:** *"Lakini pasipo imani haiwezekani kumpendeza Mungu; kwa maana mtu amwendeaye Mungu lazima aamini kwamba yeye yuko, na kwamba huwapa thawabu wale wamtafutao."*

---

2. Imani Kama Silaha Dhidi ya Ngome

Ngome ni vizuizi vya kiroho ambavyo vinaweza kuwa dhambi, hofu, mashaka, au mazoea mabaya ambayo hutuzuia kukua kiroho. Imani ni silaha kuu katika kuvunja ngome hizi kwa sababu inatufungamanisha moja kwa moja na nguvu za Mungu.

a) Nguvu ya Imani Katika Kuvunja Ngome

1. **Imani Huondoa Hofu:**

Ngome nyingi, kama hofu na mashaka, zinaweza kuvunjwa kupitia imani. Tunapoamini ahadi za Mungu, tunakuwa na ujasiri wa kushinda hofu zote.

- **Isaya 41:10:** *"Usiogope, maana mimi ni pamoja nawe..."*

2. **Imani Hushinda Vizuri Vinavyoonekana Visivyowezekana:**

Waebrania 11 inatupa mifano ya mashujaa wa imani waliovunja ngome kupitia kumtumainia Mungu. Kwa mfano:

- **Joshua na Yeriko:** Ngome za Yeriko zilianguka kupitia imani na utiifu wa wana wa Israeli (**Waebrania 11:30**).
- **Gideoni:** Gideoni na jeshi lake dogo walishinda jeshi kubwa kupitia imani kwa mwongozo wa Mungu (**Waebrania 11:32**).

3. **Imani Huzalisha Matendo:**

Imani ya kweli inaambatana na matendo. Tunaona hili katika mfano wa Abrahamu, ambaye alienda mahali Mungu alipomwonyesha bila kujua atakakoelekea, kwa imani tu.

- **Yakobo 2:17:** *"Vivyo hivyo na imani, isipokuwa ina matendo, imekufa nafsini mwake."*

---

3. Silaha Ni Nini Kitheolojia?

Silaha, kwa maana ya kiroho, ni zana ambazo Mungu amewapa waumini kupambana na nguvu za giza na kuimarisha ushindi wao wa kiroho. Silaha hizi zinafafanuliwa vizuri katika **Waefeso 6:10-18**, ambapo Paulo anaelezea "silaha za Mungu."

a) Silaha za Imani

Imani yenyewe ni silaha, kama tunavyoona katika **Waefeso 6:16**:

"Zaidi ya yote, mkitwaa ngao ya imani, ambayo kwa hiyo mtaweza kuizima mishale yote yenye moto ya yule mwovu."

Ngao ya imani inalinda waumini dhidi ya mashambulizi ya Shetani kama vile mashaka, hofu, na majaribu.

b) Silaha Zinazosaidia Imani

1. **Neno la Mungu (Upanga wa Roho):** Imani inakuzwa na Neno la Mungu, ambalo ni silaha ya kushambulia na kujilinda.
2. **Maombi:** Maombi ni sehemu muhimu ya vita vya kiroho na hutegemezwa na imani thabiti.

---

4. Kwa Nini Imani ni Muhimu Katika Kuvunja Ngome?

Imani ni muhimu katika kuvunja ngome kwa sababu:

1. **Imani Hutufungamanisha na Nguvu za Mungu:** Kupitia imani, tunaweza kupokea msaada wa Mungu katika kila hali.
   - **Mathayo 17:20:** *"Ikiwa mna imani kama punje ya haradali, mtauambia mlima huu, Hama kutoka hapa uende pale, nao utahama; wala halitakuwa neno lisilowezekana kwenu."*
2. **Imani Huleta Ushindi:** Ushindi wa kiroho hutokana na imani, si nguvu zetu wenyewe.
   - **1 Yohana 5:4:** *"Kwa maana kila kitu kilichozaliwa na Mungu huushinda ulimwengu; na huku ndiko ushindi ambao umeushinda ulimwengu, yaani, imani yetu."*
3. **Imani Hubadilisha Akili na Maisha:** Tunapojaza akili zetu na ahadi za Mungu kwa imani, tunapambana na mawazo ya uongo ambayo Shetani hutumia kama silaha dhidi yetu.

---

5. Jinsi ya Kutumia Imani Katika Vita vya Kiroho

a) Lisha Imani Yako Kwa Neno la Mungu

- Soma, tafakari, na kiri ahadi za Mungu. **Warumi 10:17** inasema kwamba imani huja kwa kusikia Neno la Mungu.

b) Omba kwa Imani

- Omba ukijua kwamba Mungu anaweza na atatenda kulingana na mapenzi yake. **Marko 11:24** inasema:

"Kwa sababu hiyo nawaambia, yoyote myaombayo mkisali, aminini ya kwamba mnayapokea, nayo yatakuwa yenu."

c) Simama Thabiti Katika Imani

- Hata wakati wa majaribu, simama thabiti katika imani yako ukijua kwamba Mungu ni mwaminifu. **Waebrania 10:23** inasema:

"Na tushikilie sana ungamo la tumaini letu pasipo kuyumba-yumba; kwa maana yeye aliyeahidi ni mwaminifu."

d) Shiriki Imani Yako na Wengine

- Kuhimiza wengine kwa imani yako kunakupa nguvu zaidi ya kushinda changamoto zako.

---

6. Matokeo ya Imani Katika Kuvunja Ngome

1. **Uhuru wa Kiroho:**

Kupitia imani, tunaweza kuvunja minyororo ya dhambi na hofu.

2. **Amani ya Moyo:**

Imani huleta amani hata katikati ya dhoruba.

- **Isaya 26:3:** *"Utamlinda yeye ambaye moyo wake umekutegemea, kwa kuwa anakutumaini wewe."*

3. **Ushindi wa Milele:**

Imani haitupi ushindi wa sasa tu bali pia ushindi wa milele.

- **2 Timotheo 4:7:** *"Nimevipiga vita vilivyo vizuri, mwendo nimeumaliza, imani nimeilinda."*

Imani ni silaha yenye nguvu inayowawezesha waumini kushinda ngome zote za kiroho. Kupitia imani, tunaweza kushinda hofu, mashaka, na majaribu ya Shetani. Kama tunavyosoma katika **Waebrania 11**, mashujaa wa imani walivunja vizuizi vikubwa kupitia kumtumainia Mungu.

Warumi 1:17 inasema:

"Kwa maana haki ya Mungu inadhihirishwa ndani yake toka imani hata imani; kama ilivyoandikwa, Mwenye haki ataishi kwa imani."

Kwa hivyo, imani si chaguo bali ni hitaji kwa kila muumini anayetamani kushinda katika maisha ya kiroho na kuvunja ngome zote zinazoizuia safari yake ya kiroho.

Hadithi za Imani Zikishinda Ngome

Biblia inatoa mifano mingi ya jinsi imani imekuwa silaha madhubuti ya kushinda ngome na changamoto kubwa za maisha. Hadithi hizi ni muhimu kwa waumini leo kwa sababu zinatufundisha kwamba imani katika Mungu ni nguvu ya ajabu inayoshinda vizuizi vyote vya kimwili na kiroho. Katika sura hii, tutatafakari baadhi ya hadithi hizi za imani na kuelewa umuhimu wake katika maisha yetu.

---

1. Joshua na Kuanguka kwa Ukuta wa Yeriko

Andiko Muhimu: Yoshua 6:1-20

Joshua na Waisraeli walikabiliana na changamoto kubwa ya kuvamia mji wa Yeriko ambao ulikuwa umezungushiwa ukuta imara. Kwa utii wa maelekezo ya Mungu, walitembea kuzunguka mji mara saba kwa siku ya saba, wakapiga kelele za ushindi, na ukuta wa Yeriko ukaanguka.

Somo la Imani:

- Imani kwa mpango wa Mungu, hata kama haueleweki, inaleta ushindi.
- **Waebrania 11:30** inasema: *"Kwa imani kuta za Yeriko zilianguka, baada ya kuzungushiwa siku saba."*

Umuhimu Kwetu:

- Tunapokabiliwa na "ukuta wa Yeriko" katika maisha yetu, kama vile changamoto za kifamilia, za kifedha, au za kiroho, tunapaswa kuamini mpango wa Mungu na kusimama thabiti kwa imani.

---

2. Musa na Bahari ya Shamu

Andiko Muhimu: Kutoka 14:21-31

Wakati Waisraeli walipokimbia kutoka kwa Farao, walijikuta wamebanwa kati ya Bahari ya Shamu na majeshi ya Misri. Mungu, kupitia Musa, aligawanya bahari, na Waisraeli wakavuka kwa njia ya kavu, huku majeshi ya Farao yakizama walipojaribu kuwafuatilia.

Somo la Imani:

- Imani kwa Mungu hutufungulia njia hata pale ambapo inaonekana hakuna suluhisho.
- **Kutoka 14:14:** *"Bwana atawapigania, nanyi mtakuwa kimya tu."*

Umuhimu Kwetu:

- Tunapokutana na hali ngumu zinazotuzingira, tunapaswa kumtegemea Mungu kwa suluhisho la kiungu.

---

3. Daudi na Goliathi

Andiko Muhimu: 1 Samweli 17:32-51

Daudi, kijana mchungaji asiye na uzoefu wa kivita, alikabiliana na Goliathi, shujaa mkubwa wa Wafilisti. Kwa imani katika Mungu na kutumia silaha rahisi ya kombeo na mawe, Daudi alimshinda Goliathi.

Somo la Imani:

- Ushindi wetu hauko katika ukubwa wa silaha zetu, bali katika nguvu ya Mungu tunayemwamini.
- **1 Samweli 17:45:** *"Wewe unakuja kwangu na upanga, na mkuki, na mkuki mkubwa; lakini mimi naja kwako kwa jina la Bwana wa majeshi, Mungu wa majeshi ya Israeli, uliowadhihaki."*

Umuhimu Kwetu:

- Tunapokutana na "majitu" ya maisha yetu, tunapaswa kukumbuka kwamba Mungu ni mkuu zaidi kuliko changamoto yoyote.

---

4. Danieli katika Tundu la Simba

Andiko Muhimu: Danieli 6:10-23

Danieli, ambaye alikuwa mwaminifu kwa Mungu, alitupwa kwenye tundu la simba kwa sababu ya maombi yake kwa Mungu wake. Mungu alimfunga vinywa vya simba, na Danieli alitoka salama.

Somo la Imani:

- Uaminifu kwa Mungu hata katikati ya hatari unatuletea wokovu.
- **Danieli 6:23:** *"Kwa maana alimtegemea Mungu wake."*

Umuhimu Kwetu:

- Tunapaswa kubaki waaminifu kwa Mungu hata tunapokabiliwa na hatari za maisha.

---

5. Shadraka, Meshaki, na Abednego katika Tanuru ya Moto

Andiko Muhimu: Danieli 3:8-30

Shadraka, Meshaki, na Abednego walikataa kuabudu sanamu ya mfalme Nebukadneza na walitupwa kwenye tanuru ya moto. Mungu aliwaponya, na hata moto haukuwagusa.

Somo la Imani:

- Mungu yuko nasi hata katikati ya moto wa majaribu.
- **Danieli 3:25:** *"Tazama, naona watu wanne, wamefunguliwa, wanatembea katikati ya moto, wala hawana dhara; na umbo la yule wa nne ni mfano wa mwana wa miungu."*

Umuhimu Kwetu:

- Tunapopitia "moto wa majaribu," tunapaswa kujua kwamba Mungu yuko pamoja nasi kutulinda.

---

6. Uaminifu wa Ruthu

Andiko Muhimu: Ruthu 1:16-17

Ruthu alionyesha uaminifu kwa mama mkwe wake Naomi na aliamua kumfuata Mungu wa Israeli, hata wakati hali ilikuwa ngumu. Hatimaye, Mungu alibariki uaminifu wake.

Somo la Imani:

- Uaminifu wetu kwa Mungu na kwa watu wengine hutufungulia baraka za kipekee.
- **Ruthu 1:16:** *"Usinisihi nikuache, nami niache kukufuata; maana wewe uendako ndiko nitakakokwenda, na wewe ukaapo ndipo nitakapokaa..."*

Umuhimu Kwetu:

- Tunapaswa kuwa waaminifu kwa Mungu na kwa watu, tukijua kwamba uaminifu wetu hautapita bure.

---

7. Eliya na Manabii wa Baali

Andiko Muhimu: 1 Wafalme 18:20-40

Eliya alikabiliana na manabii wa Baali kwenye Mlima Karmeli. Alithibitisha kwamba Mungu wa Israeli ndiye

Mungu wa kweli kwa kuomba moto kutoka mbinguni kuunguza dhabihu yake.

Somo la Imani:

- Mungu anaweza kuthibitisha utukufu wake kupitia imani yetu.
- **1 Wafalme 18:24:** *"Muiteni jina la mungu wenu, nami nitamwita jina la Bwana; na Mungu ajibuye kwa moto, ndiye Mungu."*

Umuhimu Kwetu:

- Tunapokutana na changamoto, tunapaswa kusimama imara kwa imani na kushuhudia nguvu za Mungu.

---

8. Ushindi wa Gideoni

Andiko Muhimu: Waamuzi 7:1-25

Gideoni, pamoja na jeshi dogo la watu 300, alishinda jeshi kubwa la Wamidiani kwa uongozi wa Mungu. Ushindi huu ulionyesha nguvu ya Mungu kuliko ukubwa wa jeshi.

Somo la Imani:

- Ushindi wa kiroho hautegemei rasilimali zetu, bali nguvu ya Mungu.
- **Waamuzi 7:2:** *"Ili Israeli wasijisifu juu yangu, wakisema, Mkono wangu ndio ulionioko a."*

Umuhimu Kwetu:

- Tunapokabiliana na hali zinazozidi uwezo wetu, tunapaswa kutegemea nguvu ya Mungu.

---

9. Umuhimu wa Hadithi Hizi za Imani Katika Maisha Yetu

Hadithi hizi za Biblia si historia tu bali ni masomo yenye nguvu ya kiroho kwa maisha yetu:

1. **Zinatufundisha Kuamini Mpango wa Mungu:**

- o Hadithi hizi zinatufundisha kwamba hata tunapokosa kuelewa hali, tunapaswa kumwamini Mungu.

2. **Zinatutia Moyo Kupambana na Changamoto:**
   - o Tunapokutana na "ngome" au "majitu" ya maisha yetu, tunakumbushwa kwamba Mungu ni mkuu zaidi kuliko changamoto zetu.
3. **Zinatufundisha Kusimama Imara Katika Imani:**
   - o Tunapojifunza kuwa na imani kama ya Daudi, Danieli, na wengine, tunajifunza kwamba Mungu hutufanikisha hata wakati wa hatari.

Hadithi za imani katika Biblia zinatufundisha kwamba Mungu ni mwaminifu na mwenye nguvu za kushinda changamoto zote. Tunapokutana na vizuizi maishani, tunapaswa kuchukua mifano ya mashujaa hawa wa imani na kumtumaini Mungu kikamilifu. Kama **Waebrania 11:6** inavyosema:

"Lakini pasipo imani haiwezekani kumpendeza Mungu."

Imani ni ufunguo wa ushindi wetu, na kupitia imani, tunaweza kuvunja ngome zote na kuishi maisha yanayoleta utukufu kwa Mungu.

Kukuza Mtazamo wa Imani Kupitia Kuabudu na Shukrani

Kuabudu na kutoa shukrani ni sehemu muhimu ya maisha ya kiroho. Zote mbili husaidia kukuza mtazamo wa imani kwa kumkumbuka Mungu na kutambua uaminifu wake. Katika sura hii, tutajifunza maana ya kuabudu na shukrani, umuhimu wao kama silaha za kiroho, na jinsi ya kukuza mtazamo wa imani kupitia mazoea haya.

1. Maana ya Kuabudu na Shukrani

a) Kuabudu ni Nini?

Kuabudu ni tendo la kumheshimu, kumtukuza, na kumwinua Mungu kwa sababu ya utukufu wake, ukuu wake, na uaminifu wake. Ni kujisalimisha kabisa kwa Mungu kwa moyo, akili, na roho.

Andiko Muhimu:

- **Yohana 4:24:** *"Mungu ni Roho, nao wamwabuduo yeye imewapasa kumwabudu katika roho na kweli."*

Hii inamaanisha kwamba kuabudu si tendo la nje tu bali ni mchakato wa ndani wa kuunganisha roho yetu na Mungu.

b) Shukrani ni Nini?

Shukrani ni kutambua baraka za Mungu na kumshukuru kwa matendo yake makuu. Ni mtazamo wa moyo unaoonyesha uelewa kwamba kila kitu tunacho ni zawadi kutoka kwa Mungu.

Andiko Muhimu:

- **1 Wathesalonike 5:18:** *"Shukuruni kwa kila jambo; maana hayo ni mapenzi ya Mungu kwenu katika Kristo Yesu."*

Hii inatuonyesha kwamba kutoa shukrani ni sehemu ya mapenzi ya Mungu kwa maisha yetu.

2. Umuhimu wa Kuabudu na Shukrani Kama Silaha Dhidi ya Ngome

a) Kuabudu Hutulenga kwa Mungu Badala ya Changamoto

Tunapomwabudu Mungu, tunamwinua juu ya hali zetu. Hii hutusaidia kuweka mawazo yetu kwa Mungu na si kwenye matatizo yetu.

Mfano wa Kimaandiko:

- **Zaburi 34:1-3:** *"Nitamhimidi Bwana kila wakati; sifa zake zitakuwa kinywani mwangu daima. Nafsi* *yangu itajisifu kwa Bwana; wanyenyekevu walisikie na wafurahi. Mtukuzeni Bwana pamoja nami, na tujinieze pamoja jina lake."*

- Daudi alitumia kuabudu kushinda changamoto zake nyingi, akijua kwamba Mungu ni mkuu zaidi kuliko maadui zake.

b) Shukrani Hutuvunja Minyororo ya Hofu na Malalamiko

Unaposhukuru, unaanza kuona wema wa Mungu hata katikati ya hali ngumu. Shukrani huchukua nafasi ya hofu, huzuni, na malalamiko.

Mfano wa Kimaandiko:

- **Matendo 16:25-26:** *"Lakini karibu na usiku wa manane, Paulo na Sila walikuwa wakiomba na kumwimbia Mungu nyimbo za kumsifu; na wafungwa wengine walikuwa wakiwasikiliza. Ghafula pakawa na tetemeko kuu la nchi, hata misingi ya gereza ikatikisika; na mara hiyo milango yote ikafunguka, na vifungo vya wote vikalegezwa."*
- Paulo na Sila walitumia sifa na shukrani hata wakiwa gerezani, na matokeo yake ngome za kimwili na za kiroho zilivunjwa.

c) Kuabudu na Shukrani Huimarisha Uhusiano na Mungu

Tunapomwabudu Mungu na kumshukuru, tunajisalimisha kwake na tunamwonyesha kwamba tunamtegemea kwa kila kitu. Hii huimarisha imani yetu na hutuweka karibu naye.

Andiko Muhimu:

- **Zaburi 100:4:** *"Ingieni malangoni mwake kwa kushukuru, nyuani mwake kwa kusifu; mshukuruni, lihimidini jina lake."*
- Shukrani na sifa ni milango ya kumkaribia Mungu.

3. Jinsi ya Kukuza Mtazamo wa Imani Kupitia Kuabudu na Shukrani

a) Tenga Muda wa Kuabudu Kila Siku

- Kuabudu hakuhitaji uwepo wa wimbo pekee. Unaweza kumwabudu Mungu kwa kusoma Neno lake, kuomba, na kutafakari ukuu wake.
- **Zaburi 46:10:** *"Tulieni, mjue ya kuwa mimi ni Mungu."*

b) Shukrani ya Kila Siku

- Jizoeze kutoa shukrani kwa Mungu kila siku kwa baraka ndogo na kubwa. Unaweza kuandika orodha ya baraka zako ili kukumbushwa kuhusu wema wa Mungu.
- **Waefeso 5:20:** *"Mkimsukuru Mungu Baba sikuzote kwa mambo yote, katika jina lake Bwana wetu Yesu Kristo."*

c) Jumuisha Maombi ya Shukrani na Kuabudu

- Badala ya tu kuomba msaada, hakikisha maombi yako yanajumuisha shukrani na sifa kwa kile Mungu ameendelea kufanya katika maisha yako.

d) Jiunge na Ibada ya Pamoja

- Kushiriki ibada ya pamoja na waumini wengine huongeza nguvu ya kiroho na kukuza mtazamo wa imani.
- **Waebrania 10:25:** *"Wala tusiache kukusanyika pamoja, kama ilivyo desturi ya wengine; bali tuonyane; na zaidi sana kwa kuwa mwona siku ile inakaribia."*

---

4. Matokeo ya Kuabudu na Shukrani Katika Kuvunja Ngome

a) Kuimarisha Imani na Ujasiri

- Tunapomwabudu Mungu, tunakumbuka ukuu wake na uweza wake, na hii huimarisha imani yetu katika kushinda changamoto.

b) Kufungua Milango ya Baraka

- Shukrani huvutia baraka za Mungu. **Malaki 3:10** inasema Mungu hutufungulia madirisha ya mbinguni tunapokuwa waaminifu kwake.

c) Kubadilisha Mawazo Yetu

- Shukrani na kuabudu hubadilisha mawazo yetu kutoka kwa malalamiko na huzuni kwenda kwenye furaha na amani.
- **Wafilipi 4:6-7:** *"Msijisumbue kwa neno lo lote; bali katika kila neno kwa kusali na kuomba, pamoja na kushukuru, haja zenu na zijulikane na Mungu. Na amani ya Mungu, ipitayo akili zote, itawahifadhi mioyo yenu na nia zenu katika Kristo Yesu."*

---

5. Mfano wa Kuabudu na Shukrani Katika Biblia

a) Daudi

- Daudi alitumia maisha yake yote kumwabudu Mungu, hata wakati wa changamoto. Katika **Zaburi 23**, Daudi alimsifu Mungu kwa uaminifu wake hata katikati ya "bonde la uvuli wa mauti."

b) Yesu Kristo

- Yesu alimshukuru Mungu kabla ya kulisha watu 5,000 (**Yohana 6:11**) na kabla ya kufufua Lazaro (**Yohana 11:41**). Hii inaonyesha umuhimu wa shukrani hata kabla ya kuona miujiza.

c) Hana

- Hana alimshukuru Mungu baada ya kupokea mtoto Samweli, na akaonyesha mfano wa kuabudu kwa moyo wote (**1 Samweli 2:1-10**).

Kuabudu na kutoa shukrani ni silaha zenye nguvu za kiroho zinazosaidia kuvunja ngome na kukuza mtazamo wa imani. Tunapomwabudu Mungu, tunajisalimisha kwake na kumtangaza kuwa mkuu kuliko changamoto zetu. Tunaposhukuru, tunakumbuka wema na uaminifu wa Mungu, jambo linalotuimarisha kiroho.

Kama **Waefeso 5:19-20** inavyosema:

"Mshemeane zaburi na tenzi na nyimbo za rohoni, huku mkiimba na kumshangilia Bwana mioyoni mwenu; na kumshukuru Mungu Baba sikuzote kwa mambo yote, katika jina lake Bwana wetu Yesu Kristo."

Hivyo basi, tuzidishe kuabudu na kushukuru kila siku ili kuimarisha imani yetu na kuishi maisha yanayoshinda kila ngome kwa uwezo wa Mungu.

Andiko Muhimu – Mathayo 17:20: "Kama mkiwa na imani kiasi cha chembe ya haradali..."

Mathayo 17:20 inasema:

"Yesu akawaambia, Kwa sababu ya upungufu wa imani yenu; kwa maana, amin, nawaambia, Ikiwa mkiwa na imani kiasi cha chembe ya haradali, mtauambia mlima huu, Ng'oka hapa uende kule, nao utaondoka; wala haitakuwa neno lisilowezekana kwenu."

Aya hii ni mojawapo ya maelezo yenye nguvu ya Biblia kuhusu uwezo wa imani, hata ikiwa ni ndogo kama chembe ya haradali. Katika sura hii, tutaelewa maana ya kifungu hiki kimaandiko, kitheolojia, na jinsi kinavyohusiana na kushinda ngome za kiroho.

---

1. Muktadha wa Mathayo 17:20

Aya hii inapatikana baada ya Yesu kuwafundisha wanafunzi wake kuhusu sababu ya kushindwa kwao kumtoa pepo aliyekuwa ndani ya kijana aliyepagawa. Yesu anawaeleza kwamba tatizo lilikuwa upungufu wa imani yao.

Ujumbe Muhimu wa Muktadha:

- Imani ni sharti la msingi la kuona nguvu za Mungu zikifanya kazi maishani mwetu.

- Changamoto za kiroho, kama vile mapepo au ngome za kiroho, haziwezi kushindwa bila imani thabiti katika uwezo wa Mungu.

a) Chembe ya Haradali: Mfano wa Unyenyekevu na Ukuaji

Chembe ya haradali ni ndogo sana, lakini inakua na kuwa mti mkubwa. Hii inafundisha kwamba imani ya mwanzo, hata ikiwa ndogo, inaweza kuwa na athari kubwa ikiwa itaunganishwa na uaminifu kwa Mungu.

---

2. Imani Kama Silaha Dhidi ya Ngome

a) Nguvu ya Imani Ndogo

Yesu alitumia mfano wa chembe ya haradali kuonyesha kwamba si lazima mtu awe na imani kubwa kuweza kuona miujiza, bali imani ya kweli, hata ikiwa ndogo, inaweza kuleta matokeo makubwa.

Andiko Muhimu:

- **Luka 17:6:** *"Bwana akasema, Kama mngalikuwa na imani kama chembe ya haradali, mngaliuambia mkuyu huu, Ng'oka ukapandwe baharini, nao ungalikutii."*
- Hii inathibitisha kwamba imani inayotegemea Mungu inaweza kuvunja vizuizi vinavyoonekana visivyowezekana.

b) Nguvu ya Kuamuru Ngome Zianguke

- Katika **Mathayo 17:20**, Yesu anatumia mfano wa mlima kuonyesha kwamba changamoto kubwa kama mlima zinaweza kuondolewa kupitia imani. Mlima hapa unawakilisha ngome kubwa, kama vile dhambi, hofu, mashaka, au vizuizi vya kiroho.

Andiko Muhimu:

- **Zekaria 4:7:** *"Wewe ni nani, ewe mlima mkubwa? Mbele ya Zerubabeli utakuwa nchi tambarare."*

Hii inaonyesha kwamba imani katika Mungu inaweza kupunguza "milima" ya changamoto zetu kuwa tambarare.

---

3. Nguvu ya Imani Ndogo Katika Kushinda Ngome

a) Imani Inatuunganisha na Nguvu za Mungu

- Imani si juu ya uwezo wetu bali juu ya uwezo wa Mungu. Tunapomtegemea Mungu, hata imani ndogo kama chembe ya haradali huwa na uwezo wa kushinda kila ngome.

Andiko Muhimu:

- **Waefeso 6:16:** *"Zaidi ya yote, mkitwaa ngao ya imani, ambayo kwa hiyo mtaweza kuizima mishale yote yenye moto ya yule mwovu."*

b) Imani Hutupatia Ushindi Dhidi ya Hofu na Mashaka

- Ngome nyingi za kiroho, kama hofu na mashaka, zinavunjwa tunapochukua hatua ya kuamini ahadi za Mungu.

Mfano wa Kimaandiko:

- **Daudi na Goliathi:** Daudi alimshinda Goliathi kwa imani yake kwa Mungu, si kwa silaha za kimwili (**1 Samweli 17:45-47**).

c) Imani Hubadilisha Maisha Yetu ya Kiakili na Kiroho

- Tunapomwamini Mungu, mawazo yetu yanabadilishwa na tunaanza kuona nguvu zake zikifanya kazi maishani mwetu.
- **Warumi 12:2:** *"Mgeuzwe kwa kufanywa upya nia zenu, mpate kujua hakika mapenzi ya Mungu."*

---

4. Jinsi ya Kutumia Mathayo 17:20 Katika Kushinda Ngome

a) Tambua "Milima" Yako ya Kiroho

- Tafakari juu ya changamoto zinazokuzuia kumkaribia Mungu, kama vile hofu, mashaka, au mazoea mabaya.

b) Chukua Hatua ya Kuamini Mungu

- Chukua hatua ya imani, ukijua kwamba Mungu anaweza na atashinda changamoto zako.

c) Tumia Neno la Mungu Kama Msingi wa Imani Yako

- Soma na kuliweka Neno la Mungu moyoni mwako. Ahadi zake ni msingi wa kuimarisha imani yako.
- **Warumi 10:17:** *"Basi imani, chanzo chake ni kusikia; na kusikia huja kwa neno la Kristo."*

d) Omba Kwa Imani

- Omba ukijua kwamba Mungu atasikia na kujibu kulingana na mapenzi yake.
- **Marko 11:24:** *"Kwa sababu hiyo nawaambia, yoyote myaombayo mkisali, aminini ya kwamba mnayapokea, nayo yatakuwa yenu."*

---

5. Mifano ya Kimaandiko ya Imani Ndogo Ikishinda Ngome

a) Joshua na Yeriko

- Ukuta wa Yeriko ulianguka kwa sababu ya utii wa imani kwa mpango wa Mungu (**Yoshua 6:20**).

b) Musa na Bahari ya Shamu

- Musa aliamini maagizo ya Mungu, na bahari iligawanyika, ikawa njia ya wokovu kwa Israeli (**Kutoka 14:21-22**).

c) Elia na Moto wa Mlima Karmeli

- Elia alionyesha imani yake kwa Mungu alipoomba moto kutoka mbinguni, na Mungu alidhihirisha nguvu zake (**1 Wafalme 18:36-39**).

---

6. Maelezo ya Kitheolojia na Maoni ya Wasomi

Concordance na Maoni ya Biblia:

- Neno *"mlima"* linawakilisha changamoto kubwa au ngome ambazo zinaonekana kuwa ngumu kushinda.
- Chembe ya haradali hutumiwa kuonyesha jinsi imani ndogo inaweza kuwa na athari kubwa ikiwa imeelekezwa kwa Mungu mwenye nguvu zote.

Wasomi wa Biblia:

- **Matthew Henry:** Anaeleza kwamba imani, hata ikiwa ndogo, inaweza kushinda changamoto zote kwa sababu Mungu ndiye anayefanya kazi kupitia imani hiyo.
- **John Gill:** Anaeleza kwamba chembe ya haradali ni mfano wa unyenyekevu na uwezo wa ukuaji wa kiroho.

---

7. Umuhimu wa Mathayo 17:20 Katika Maisha Yetu

Aya hii inatufundisha kwamba:

1. **Imani Yenye Mwelekeo wa Mungu Ni Yenye Nguvu:** Tunapomwelekeza Mungu imani yetu, hakuna kitu kisichowezekana.
2. **Changamoto Zetu Haziwezi Kulinganishwa na Nguvu ya Mungu:** Milima yetu ya kiroho inaweza kuondolewa kupitia imani.
3. **Imani Inahitaji Hatua:** Tunapaswa kuchukua hatua ya kuamini ahadi za Mungu, hata kama hatuoni matokeo mara moja.

Mathayo 17:20 inatufundisha kwamba imani, hata ikiwa ndogo kama chembe ya haradali, inaweza kushinda ngome kubwa za kiroho. Tunapomtegemea Mungu, tunakuwa na uwezo wa kuondoa "milima" inayotuzuia. Kama **Waebrania 11:6** inavyosema:

"Lakini pasipo imani haiwezekani kumpendeza Mungu."

Hivyo basi, na tuwe watu wa imani, tukijua kwamba Mungu anaweza kufanya yasiyowezekana kwa wale wanaomwamini.

SURA YA 07

Kushinda Ngome za Akili

Akili kama Uwanja wa Vita: Kupambana na Uongo na Imani Potofu

Ngome za akili ni vizuizi vya kiakili vinavyoweza kushikilia maisha yetu mateka, kutuzuia kuishi kwa uhuru katika Kristo. Biblia inatufundisha kwamba akili zetu ni uwanja wa vita ambapo vita vya kiroho vinafanyika, na kushinda vita hivi kunahitaji kutumia Neno la Mungu, maombi, na imani. Katika sura hii, tutaelezea maana ya ngome za akili, kwa nini akili ni uwanja wa vita, na jinsi ya kushinda ngome hizi kwa kutumia mbinu za kiroho.

1. Ngome za Akili Ni Nini?

Ngome za akili ni mifumo ya mawazo ya uongo, imani potofu, au mawazo hasi ambayo yanaweza kujengeka akilini mwetu na kutuzuia kuishi kwa mujibu wa Neno la Mungu. Ngome hizi mara nyingi hujengwa na hofu, mashaka, maumivu ya kihisia, au uongo wa Shetani.

Andiko Muhimu:

- **2 Wakorintho 10:3-5:**

"Ingawa tunaenenda katika mwili, hatufanyi vita kwa jinsi ya mwili; maana silaha za vita vyetu si za mwili, bali zina uwezo katika Mungu hata kuangusha ngome; tukiangusha mawazo na kila kitu kilichoinuka, kijiinuacho juu ya elimu ya Mungu, na tukiteka nyara kila fikira ipate kumtii Kristo."

Sifa za Ngome za Akili:

1. **Mawazo Nasi na Mazoea Mabaya:**
   - Kama vile hofu, chuki, wivu, au mashaka.
2. **Uongo na Imani Potofu:**
   - Kama vile kuamini kwamba Mungu hawezi kukusamehe au kwamba huwezi kubadilika.
3. **Vizuri Vya Kiakili Vinavyojenga Dhambi:**
   - Mawazo ambayo yanahalalisha dhambi au maisha nje ya mapenzi ya Mungu.

---

2. Kwa Nini Akili ni Uwanja wa Vita?

Biblia inatufundisha kwamba akili ni mahali ambapo vita vya kiroho vinafanyika. Shetani hutumia akili zetu kama sehemu ya kwanza ya kushambulia kwa kupanda mawazo ya uongo, mashaka, na hofu.

Andiko Muhimu:

- **Warumi 12:2:**

"Msiifuatishe namna ya dunia hii, bali mgeuzwe kwa kufanywa upya nia zenu, mpate kujua hakika mapenzi ya Mungu, yaliyo mema, ya kumpendeza, na ukamilifu."

Sababu Akili ni Uwanja wa Vita:

1. **Chanzo cha Maamuzi na Matendo:**
   - Kila tendo tunalofanya linaanzia katika mawazo yetu.
2. **Lengo la Shetani:**

- Shetani hujaribu kutawala mawazo yetu kwa kupanda mbegu za uongo na mashaka.

3. **Eneo la Mabadiliko ya Kiungu:**
   - Mungu hutumia akili zetu kama sehemu ya kuleta mabadiliko ya kiroho kwa kupitia Neno lake.

Mfano wa Kimaandiko:

- **Mathayo 4:1-11:**
  - Wakati Yesu aliposhawishiwa jangwani, Shetani alilenga mawazo yake kwa kutumia maandiko vibaya, lakini Yesu alijibu kwa Neno la Mungu.

---

3. Mbinu za Kushinda Ngome za Akili: The 4 C's

1. KUBAINI (Confess)

Hatua ya kwanza ya kushinda ngome ni kukiri kwamba mawazo ya uongo au imani potofu yamejijenga akilini mwako.

Andiko Muhimu:

- **Zaburi 139:23-24:**

"Ee Mungu, nipeleleze moyo wangu, unijue, Unijaribu, uyajue mawazo yangu; Uone ikiwa iko njia mbaya ndani yangu, Uniongoze katika njia ya milele."

Vitendo vya Kivitendo:

- Jiulize: Ni mawazo gani mabaya yanayonishikilia?
- Omba Mungu akusaidie kuyaweka wazi.

---

2. KUKATAA (Cast Down)

Mara baada ya kubaini ngome, lazima uchukue hatua ya kukataa mawazo hayo na kuyakemea.

Andiko Muhimu:

- **2 Wakorintho 10:5:**

"Tukiangusha mawazo na kila kitu kilichoinuka, kijiinuacho juu ya elimu ya Mungu."

Vitendo vya Kivitendo:

- Tangaza Neno la Mungu dhidi ya mawazo hayo.
- Kemea uongo wa adui kwa imani.

---

3. KUBADILI (Change)

Badilisha mawazo yako kwa kujaza akili yako na ukweli wa Neno la Mungu.

Andiko Muhimu:

- **Wafilipi 4:8:**

"Hatimaye, ndugu zangu, mambo yoyote yaliyo ya kweli, yoyote yaliyo ya staha, yoyote yaliyo ya haki, yoyote yaliyo safi, yoyote yenye kupendeza, yoyote yenye sifa njema, ukiwapo wema wo wote, ukiwapo usifiwo wo wote, yatafakarini hayo."

Vitendo vya Kivitendo:

- Soma na kutafakari Neno la Mungu kila siku.
- Jaza akili yako na nyimbo za sifa na maombi.

---

4. KUSHIKILIA (Commit)

Shikilia mawazo mapya yaliyojazwa na Neno la Mungu na fanya mazoea ya kuyaishi.

Andiko Muhimu:

- **Yakobo 1:22:**

"Lakini iweni watendaji wa neno, wala si wasikiaji tu, hali mkijidanganya nafsi zenu."

Vitendo vya Kivitendo:

- Endelea kufuatilia maendeleo yako kwa maombi na shukrani.
- Ushirikishe mawazo yako mapya na waumini wengine kwa msaada wa kiroho.

4. Ushuhuda wa Kimaandiko wa Kushinda Ngome za Akili

a) Daudi:

Daudi alikiri hofu na mashaka yake kwa Mungu, lakini alijaza mawazo yake na sifa kwa Mungu.

- **Zaburi 23:4:**

"Naam, nijapopita kati ya bonde la uvuli wa mauti, sitaogopa mabaya; kwa maana Wewe u pamoja nami."

b) Yesu Kristo:

Yesu alitumia Neno la Mungu kushinda majaribu ya Shetani jangwani.

- **Mathayo 4:4:**

"Imeandikwa, Mtu hataishi kwa mkate tu, bali kwa kila neno litokalo katika kinywa cha Mungu."

c) Paulo:

Paulo alihimiza waumini kushinda mawazo mabaya kwa kuangalia yale yaliyo ya kweli na ya staha.

- **Wafilipi 4:13:**

"Nayaweza mambo yote katika yeye anitiaye nguvu."

5. Kwa Nini Kushinda Ngome za Akili ni Muhimu?

a) Kuimarisha Uhusiano na Mungu:

- Ngome za akili huzuia uhuru wa kiroho. Kuzishinda kunaturuhusu kusikia na kufuata sauti ya Mungu.

b) Kuleta Amani ya Ndani:

- Mawazo yaliyojazwa na Neno la Mungu huleta amani na furaha.
- **Isaya 26:3:**

"Utamlinda yeye ambaye moyo wake umekutegemea, kwa kuwa anakutumaini wewe."

c) Kuimarisha Ushindi wa Kiroho:

- Akili iliyo huru kutoka kwa uongo wa Shetani inaweza kushinda vita vya kiroho kwa urahisi.

Ngome za akili ni vizuizi vinavyoweza kutuzuia kuishi maisha ya ushindi katika Kristo. Tunapobainisha, kukataa, kubadili, na kushikilia mawazo yaliyojazwa na Neno la Mungu, tunapambana na adui na kushinda. Kama **Warumi 12:2** inavyosema, tunapaswa kufanya upya nia zetu kila siku kwa Neno la Mungu.

Mathayo 17:20 inatufundisha kwamba imani, hata ikiwa ndogo kama chembe ya haradali, inaweza kuondoa mlima wa ngome za akili maishani mwetu. Kwa hivyo, tuzidishe imani yetu, tutafakari Neno la Mungu, na tusimame imara katika ushindi wa kiroho.

Hatua za Kivitendo za Kuteka Nyara Kila Fikira (2 Wakorintho 10:5)

Katika **2 Wakorintho 10:5**, Paulo anasema: *"Tukiangusha mawazo na kila kitu kilichoinuka, kijiinuacho juu ya elimu ya Mungu, na tukiteka nyara kila fikira ipate kumtii Kristo."*

Aya hii inatufundisha kwamba mawazo yetu yanapaswa kuwekwa chini ya mamlaka ya Kristo, hasa tunapopambana na ngome za kiroho. Katika sura hii, tutaelezea hatua za kivitendo zinazoweza kutusaidia kushinda mawazo mabaya na kuimarisha mtazamo wa kiroho unaolingana na Neno la Mungu.

---

1. Tambua Vita vya Kiroho Vinavyozingira Akili Yako

Akili ni uwanja wa vita, na mawazo yetu ni mojawapo ya maeneo makuu ambapo adui anajaribu kutushambulia.

Tunapaswa kuelewa kwamba kila wazo linapaswa kufanyiwa tathmini ili kubaini chanzo chake na athari zake.

Andiko Muhimu:

- **Waefeso 6:12:**

"Kwa maana kushindana kwetu sisi si juu ya damu na nyama, bali ni juu ya falme na mamlaka, juu ya wakuu wa giza hili, juu ya majeshi ya pepo wabaya katika ulimwengu wa roho."

Vitendo vya Kivitendo:

- Kuwa na ufahamu kwamba mawazo mabaya mara nyingi ni silaha za adui zinazolenga kudhoofisha imani yako.
- Omba Mungu akupe hekima ya kutambua mawazo ya uongo.

---

2. Tambua Mawazo Mabaya au Yenye Madhara

Hatua ya kwanza ya kivitendo ni kutambua mawazo yoyote ambayo hayaendani na Neno la Mungu. Hii inahitaji kuzingatia jinsi mawazo yako yanavyokufanya uhisi na jinsi yanavyoathiri matendo yako.

Andiko Muhimu:

- **Mithali 4:23:**

"Linda moyo wako kuliko yote unayoyalinda; maana ndiko zitokako chemchemi za uzima."

Vitendo vya Kivitendo:

1. Jiulize maswali haya:
   - Je, mawazo haya yanaendana na Neno la Mungu?
   - Je, mawazo haya yananitia moyo au yananidhoofisha?
2. Andika mawazo yako mabaya ili kuyakabili kwa njia iliyo wazi.

---

3. Tafakari Ukweli wa Mungu

Mawazo mabaya yanapaswa kubadilishwa na ukweli wa Mungu. Hii inamaanisha kutafakari Neno lake na kulijaza akili yako na ahadi za Mungu.

Andiko Muhimu:

- **Wafilipi 4:8:**

"Hatimaye, ndugu zangu, mambo yoyote yaliyo ya kweli, yoyote yaliyo ya staha, yoyote yaliyo ya haki, yoyote yaliyo safi, yoyote yenye kupendeza, yoyote yenye sifa njema, ukiwapo wema wo wote, ukiwapo usifiwo wo wote, yatafakarini hayo."

Vitendo vya Kivitendo:

1. Chukua muda wa kila siku kusoma na kutafakari Neno la Mungu.
2. Tafakari maandiko yanayohusiana na changamoto zako za kiroho.

---

4. Tangaza Maandiko Muhimu

Kutangaza Neno la Mungu kwa sauti ni njia ya kivitendo ya kuimarisha ukweli wake ndani ya mawazo yako. Hii ni mbinu ya kushinda uongo wa adui na kuimarisha imani yako.

Andiko Muhimu:

- **Mathayo 4:4:**

"Yesu akajibu, Imeandikwa, Mtu hataishi kwa mkate tu, bali kwa kila neno litokalo katika kinywa cha Mungu."

Vitendo vya Kivitendo:

1. Tafuta maandiko yanayolingana na hali zako na uyatamke mara kwa mara.
2. Jifunze na kuhifadhi Neno la Mungu ili liwe silaha yako wakati wa vita vya kiroho.

---

5. Amua Kuamini Ahadi za Mungu Zaidi ya Hisia Zako

Mawazo na hisia zetu mara nyingi zinahusika katika kushawishi jinsi tunavyohisi, lakini imani yetu inapaswa kuwa juu ya msingi wa ahadi za Mungu, si hisia zinazobadilika.

Andiko Muhimu:

- **2 Timotheo 1:7:**

"Kwa maana Mungu hakutupa roho ya hofu, bali ya nguvu na ya upendo na ya moyo wa kiasi."

Vitendo vya Kivitendo:

1. Jiulize: Je, ninachagua kuamini ukweli wa Mungu au ninakubaliana na hofu zangu?
2. Chukua hatua za imani hata wakati hisia zako zinakufanya uwe na mashaka.

---

6. Dumisha Uhusiano Endelevu na Neno la Mungu

Kushinda ngome za akili si tukio la mara moja bali ni mchakato unaohitaji mazoea ya kila siku. Kudumisha uhusiano endelevu na Neno la Mungu hufanya akili yako iwe safi na imara.

Andiko Muhimu:

- **Zaburi 1:2-3:**

"Bali furaha yake ni katika sheria ya Bwana, na sheria yake huitafakari mchana na usiku. Naye atakuwa kama mti uliopandwa kando ya vijito vya maji, uzaao matunda yake kwa majira yake, wala jani lake halinyauki; na kila alitendalo litafanikiwa."

Vitendo vya Kivitendo:

1. Soma Biblia kila siku na tafakari maana yake kwa maisha yako.
2. Jumuika na waumini wengine kwa ajili ya kujifunza na kushirikiana kuhusu Neno la Mungu.

---

7. Mifano ya Kimaandiko ya Kutea Nyara Mawazo

a) Yesu Kristo

Yesu alitumia Neno la Mungu kushinda majaribu ya Shetani jangwani (**Mathayo 4:1-11**).

- Hii inaonyesha kwamba kutangaza Neno la Mungu ni njia ya kushinda mawazo ya uongo.

b) Daudi

Daudi alipojipata katikati ya hofu, aliweka mawazo yake kwa Mungu.

- **Zaburi 56:3:** *"Wakati ninaogopa, nitakutumaini Wewe."*

---

8. Kwa Nini Hatua Hizi ni Muhimu?

1. **Kufanikisha Ushindi wa Kiroho:** Mawazo yaliyotekwa nyara na kuwekwa chini ya Kristo huimarisha ushindi wetu wa kiroho.
2. **Kubadilisha Mtazamo wa Akili:** Tunapojaza akili zetu na ukweli wa Mungu, tunaanza kuona maisha kutoka kwa mtazamo wa kiroho badala ya kimwili.
3. **Kuweka Akili Yetu Huru:** Ngome za akili hufungwa tunapochukua hatua za kuzivunja kwa Neno la Mungu na imani.

Kushinda ngome za akili kunahitaji hatua za makusudi za kuteka mawazo na kuyafanya yamtii Kristo. Kama **Warumi 12:2** inavyosema, tunahitaji kufanya upya akili zetu kila siku kwa kujaza Neno la Mungu. Kwa kufuata hatua hizi za kivitendo – kutambua vita vya kiroho, kutambua mawazo mabaya, kutafakari ukweli wa Mungu, kutangaza maandiko, kuamini ahadi za Mungu, na kudumisha uhusiano na Neno la Mungu – tunaweza kuishi maisha ya uhuru wa kiroho na ushindi dhidi ya ngome zote za akili.

Kubadilisha Uongo kwa Ukweli: Mbinu ya Tabia-Kitambuzi Iliyokita Mizizi katika Maandiko

Theolojia na Mbinu ya Tabia-Kitambuzi

Tabia-Kitambuzi (Cognitive-Behavioral Therapy) ni mbinu inayolenga kubadilisha mawazo mabaya au ya uongo ambayo huathiri hisia na tabia zetu. Kwa mtazamo wa Kibiblia, mbinu hii inahusiana sana na fundisho la Biblia ambalo linatufundisha kubadili mawazo yetu kwa kujaza akili zetu na Neno la Mungu. Mungu anatuita kuondoa mawazo ya uongo yanayotokana na hofu, mashaka, na udanganyifu wa adui na kuyabadilisha kwa ukweli wa maandiko.

Andiko Muhimu:

- **Warumi 12:2:** *"Msiifuatishe namna ya dunia hii, bali mgeuzwe kwa kufanywa upya nia zenu, mpate kujua hakika mapenzi ya Mungu, yaliyo mema, ya kumpendeza, na ukamilifu."*

Katika sura hii, tutachunguza maana ya kubadilisha uongo kwa ukweli kwa kutumia mbinu ya tabia-kitambuzi inayokita mizizi yake katika Maandiko Matakatifu.

---

1. Uongo Ni Silaha Kuu ya Adui

Biblia inamfafanua Shetani kama "baba wa uongo" (**Yohana 8:44**). Uongo wake hutufanya tuwe mateka wa hofu, mashaka, na dhambi. Adui hutumia uongo kuingiza hofu, kulaumu, na kusababisha mfarakano kati yetu na Mungu.

Mfano wa Kimaandiko:

- Wakati wa jaribu jangwani, Shetani alijaribu kutumia maandiko vibaya ili kumdanganya Yesu, lakini Yesu alikabiliana naye kwa ukweli wa Mungu (**Mathayo 4:1-11**).

Uongo wa Kawaida wa Adui:

1. *"Wewe si wa thamani."*

2. *"Mungu hawezi kukusamehe."*
3. *"Huwezi kubadilika."*
4. *"Hali yako haina matumaini."*

---

2. Neno la Mungu ni Nuru Inayofunua Uongo

Zaburi 119:105 inasema: *"Neno lako ni taa ya miguu yangu, na mwanga wa njia yangu."* Neno la Mungu linafunua uongo wa adui na kutupa mwanga wa kweli wa Mungu. Tunapokariri, kutafakari, na kushikilia ahadi za Mungu, tunajifunza kutofautisha kati ya uongo wa adui na ukweli wa Mungu.

Mfano wa Kimaandiko:

- **Zaburi 119:130:** *"Kufafanuliwa kwa maneno yako kwatia nuru; huwapa ufahamu wanyofu."* Maandiko hutoa mwangaza wa kiroho unaotusaidia kuelewa mpango wa Mungu na kubadilisha mtazamo wetu.

---

3. Jinsi ya Kubadilisha Uongo kwa Ukweli

Hatua ya 1: Tambua Uongo

Hatua ya kwanza ni kutambua uongo uliopo akilini mwako. Jiulize maswali haya:

1. Je, wazo hili linaendana na Neno la Mungu?
2. Je, wazo hili linanitia moyo au linanivunja moyo?
3. Je, wazo hili linaonyesha ahadi za Mungu au linajenga hofu?

Andiko Muhimu:

- **2 Wakorintho 10:5:**
- *"Tukiangusha mawazo na kila kitu kilichoinuka, kijiinuacho juu ya elimu ya Mungu, na tukiteka nyara kila fikira ipate kumtii Kristo."*

Hatua ya 2: Peleka Mawazo Yako kwa Kristo

Mara baada ya kutambua uongo, peleka mawazo hayo kwa Kristo. Hii inamaanisha kuyatoa mawazo hayo mbele za Mungu na kuomba msaada wake wa kiroho.

Andiko Muhimu:

- **1 Petro 5:7:**
- *"Mkimtwika yeye fadhaa zenu zote, kwa maana yeye hujishughulisha sana kwa mambo yenu."*

Vitendo vya Kivitendo:

1. Omba kwa kumwambia Mungu kuhusu mawazo yako mabaya.
2. Mwambie Mungu akupe nguvu ya kuyabadilisha mawazo hayo.

Hatua ya 3: Jaza Akili Yako na Ukweli wa Mungu

Ukweli wa Mungu hupatikana katika Neno lake. Kujaza akili yako na Maandiko kutakusaidia kubadilisha uongo wa adui kwa ukweli wa Mungu.

Andiko Muhimu:

- **Wafilipi 4:8:**
- *"Hatimaye, ndugu zangu, mambo yoyote yaliyo ya kweli, yoyote yaliyo ya staha, yoyote yaliyo ya haki, yoyote yaliyo safi, yoyote yenye kupendeza, yoyote yenye sifa njema, ukiwapo wema wo wote, ukiwapo usifiwo wo wote, yatafakarini hayo."*

Mfano wa Kimaandiko:

- Yesu alisema: *"Mtu hataishi kwa mkate tu, bali kwa kila neno litokalo katika kinywa cha Mungu."* (**Mathayo 4:4**).

Hatua ya 4: Chukua Hatua za Imani

Imani ni sehemu ya msingi ya kubadilisha uongo kwa ukweli. Chukua hatua za imani hata wakati hali inaonekana kinyume.

Andiko Muhimu:

- **Yakobo 1:22:**
- *"Lakini iweni watendaji wa neno, wala si wasikiaji tu, hali mkijidanganya nafsi zenu."*

Vitendo vya Kivitendo:

1. Tumia maandiko yanayohusiana na hali yako.
2. Fanya maamuzi yanayolingana na ukweli wa Mungu, si hisia zako.

---

4. Mfano wa Kimaandiko wa Kubadilisha Uongo kwa Ukweli

Yesu Kristo (Mathayo 4:1-11):

Yesu alikabiliana na uongo wa Shetani jangwani kwa kutumia Neno la Mungu. Alisema mara kwa mara, *"Imeandikwa,"* akionesha kwamba Maandiko ni silaha dhidi ya uongo wa adui.

Daudi (Zaburi 23):

Daudi alijaza mawazo yake na ukweli wa Mungu hata katikati ya hatari.

- *"Bwana ni mchungaji wangu, sitapungukiwa na kitu."*

---

5. Mbinu ya Tabia-Kitambuzi Kulingana na Biblia

Tabia-Kitambuzi ni mbinu inayohusiana na mchakato wa kiroho wa kubadilisha mawazo. Katika mtazamo wa Kibiblia:

1. **Kubaini Mawazo Mabaya:** Tambua uongo wa adui.

2. **Kutathmini Ukweli:** Pima mawazo yako dhidi ya Neno la Mungu.
3. **Kubadili Mawazo:** Badilisha mawazo mabaya kwa ukweli wa Maandiko.
4. **Kuthibitisha Ukweli:** Tumia Neno la Mungu kama msingi wa maisha yako.

---

6. Umuhimu wa Kubadilisha Uongo kwa Ukweli

1. **Hutoa Uhuru:** Ukweli wa Mungu hutufanya kuwa huru.
   - **Yohana 8:32:** *"Nanyi mtaifahamu kweli, nayo kweli itawaweka huru."*
2. **Huondoa Hofu na Mashaka:**
   - **Isaya 41:10:** *"Usiogope, maana mimi ni pamoja nawe."*
3. **Huimarisha Uhusiano na Mungu:**
   - Akili inayojazwa na Neno la Mungu huimarisha imani yetu na uhusiano wetu na Mungu.

Kubadilisha uongo kwa ukweli ni sehemu muhimu ya kushinda ngome za akili. Neno la Mungu ni silaha yenye nguvu inayotufundisha jinsi ya kupinga uongo wa Shetani na kujenga maisha yaliyojazwa na nuru ya Mungu. Kama **Zaburi 119:11** inavyosema:

"Nimelihifadhi neno lako moyoni mwangu, nisije nikakutenda dhambi."

Tuchukue hatua ya kujaza akili zetu na Neno la Mungu na kutangaza ukweli wake kila siku, ili tuwe huru na tuishi maisha ya ushindi katika Kristo.

Andiko Muhimu - Wafilipi 4:8: *"Lolote lililo la kweli, lolote lililo la staha..."*

Wafilipi 4:8 ni mwito wa kipekee wa Paulo kwa waumini wa Filipi kufikiria mambo yanayomletea Mungu utukufu. Katika andiko hili, Paulo anatoa mwongozo wa kile tunapaswa kujaza mawazo yetu, akisisitiza umuhimu wa mtazamo wa kiroho uliojaa kweli, staha, haki, usafi, upendo, na mambo yenye sifa nzuri. Tunapochunguza andiko hili, tutaelewa maana ya "kufikiria mambo haya" na jinsi tunaweza kuyatumia kama silaha dhidi ya ngome za kiroho.

---

1. "Mwisho, ndugu zangu..."

Kifungu hiki kinaonyesha hitimisho la barua ya Paulo kwa Wafilipi. Paulo, baada ya kuwapa mafundisho tajiri juu ya maisha ya Kikristo, sasa anawapa shauri muhimu la mwisho kuhusu jinsi ya kuelekeza mawazo yao.

Umuhimu wa Mawazo:

- Mawazo yetu ni msingi wa matendo yetu. Tunapojaza akili zetu na mawazo mema, tunapunguza nafasi ya Shetani kupanda mbegu za uongo, hofu, au mashaka.
- **Mithali 23:7:** *"Kama aonavyo mtu nafsini mwake, ndivyo alivyo."*

---

2. "Lolote lililo la kweli..."

Hii ni sehemu ya kwanza ya mwongozo wa Paulo. Paulo anasisitiza kwamba mawazo yetu yanapaswa kujikita kwenye ukweli. Uongo wa Shetani mara nyingi huingia kupitia hofu na mashaka, lakini Neno la Mungu ni ukweli ambao hutufungua na kutuweka huru.

Andiko Muhimu:

- **Yohana 8:32:** *"Nanyi mtaifahamu kweli, nayo kweli itawaweka huru."*

Vitendo vya Kivitendo:

1. Chunguza kila wazo linalokuja akilini mwako. Je, linakubaliana na ukweli wa Mungu?

2. Tafakari ahadi za Mungu zilizoandikwa katika Neno lake.

---

3. "Lolote lililo la staha..."

Paulo anatuita tufikirie mambo yenye heshima na staha, ambayo huonyesha utukufu wa Mungu. Hakuna kitu cha heshima au staha kinachotoka kwa Shetani. Mawazo yetu yanapaswa kuwa juu ya mambo yenye maadili ya juu na yanayowiana na tabia ya Kristo.

Mfano wa Kimaandiko:

- **Zaburi 19:14:** *"Maneno ya kinywa changu na mawazo ya moyo wangu yapate kibali mbele zako, Ee Bwana, mwamba wangu na mwokozi wangu."*

Vitendo vya Kivitendo:

1. Epuka kujaza akili yako na vitu vyenye maadili ya chini au vichocheo vya giza.
2. Jizoeze kutafakari juu ya matendo na tabia za Kristo.

---

4. "Lolote lililo la haki..."

Haki ni sehemu ya msingi ya tabia ya Mungu. Paulo anatuonyesha kwamba tunapojaza akili zetu na mawazo yaliyo sawa na mapenzi ya Mungu, tunapenda na kutamani kile kilicho cha haki. Hii inatuongoza kufanya yaliyo sawa kwa sababu ni sawa machoni pa Mungu.

Andiko Muhimu:

- **Mathayo 6:33:** *"Lakini utafuteni kwanza ufalme wake na haki yake, na hayo yote mtazidishiwa."*

Vitendo vya Kivitendo:

1. Jiulize, mawazo yangu yanaonyesha haki ya Mungu?
2. Omba Mungu akupe hekima ya kutenda kwa haki katika kila hali.

---

5. "Lolote lililo safi, lenye kupendeza, lenye sifa njema..."

Paulo anatuonyesha kwamba mawazo yetu yanapaswa kujazwa na mambo safi na yenye kupendeza. Haya ni mawazo yasiyochafuliwa na dhambi au hofu, bali ni mawazo yanayojenga roho yetu na kuleta amani.

Andiko Muhimu:

- **Mathayo 5:8:** *"Heri wenye moyo safi, maana hao watamwona Mungu."*

Vitendo vya Kivitendo:

1. Jiepushe na mawazo machafu au yanayojenga hasira, chuki, au dhambi.
2. Jihusishe na mambo yanayokuza amani, upendo, na usafi wa moyo.

---

6. "Ikiwa kuna wema wowote au sifa yoyote, yafikirini hayo."

Hii ni hitimisho la mwongozo wa Paulo, akituonyesha kwamba tunapaswa kutafuta mambo yenye sifa njema na yanayomletea Mungu utukufu. Fikiria mambo yanayojenga imani yako na kukupeleka karibu na Mungu.

Mfano wa Kimaandiko:

- **Zaburi 119:11:** *"Nimelihifadhi neno lako moyoni mwangu, nisije nikakutenda dhambi."*

Vitendo vya Kivitendo:

1. Kuwa na orodha ya baraka za Mungu na tafakari jinsi zinavyokuza imani yako.
2. Jizoeze kutoa shukrani kwa Mungu kila siku kwa mambo mazuri aliyokufanyia.

---

7. Maana ya "Kufikiria Mambo Haya"

Kufikiria mambo haya kunamaanisha kujaza akili zetu kwa makusudi na mawazo mema, yaliyojaa kweli, haki, na uzuri. Paulo anatuonyesha kwamba mawazo yetu ni msingi wa maisha yetu ya kiroho, na tunapaswa kuyafanya yawe safi na yenye lengo la kumtukuza Mungu.

Vitendo vya Kivitendo:

1. Soma na tafakari Neno la Mungu kila siku.
2. Ondoa mawazo hasi kwa kuyachukua mateka na kuyafanya yatii Kristo (**2 Wakorintho 10:5**).
3. Jizoeze kuzungumza ukweli wa Mungu dhidi ya hofu, mashaka, na uongo wa Shetani.

---

8. Umuhimu wa Wafilipi 4:8 Katika Kuvunja Ngome

1. **Hutusaidia Kupambana na Mawazo Mabaya:** Tunapojaza akili zetu na mambo mema, tunapunguza nafasi ya mawazo mabaya kujenga ngome.
2. **Huimarisha Mtazamo wa Kiungu:** Mawazo mazuri hutufanya tuwe na mtazamo wa kiroho na wa matumaini, hata katikati ya changamoto.
3. **Hutujenga Kiroho na Kiakili:** Tunapofikiria mambo mema, tunajenga tabia zetu za kiroho na kuimarisha imani yetu.

Wafilipi 4:8 ni mwongozo wa kipekee wa jinsi tunavyopaswa kuelekeza mawazo yetu kama waumini. Mawazo yetu yanaathiri jinsi tunavyoishi na jinsi tunavyohusiana na Mungu. Kwa kujaza akili zetu na mambo ya kweli, yenye staha, ya haki, safi, yenye kupendeza, na yenye sifa njema, tunaweza kushinda ngome za kiroho na kuishi maisha yanayoleta utukufu kwa Mungu.

Kama **Warumi 12:2** inavyosema: *"Mgeuzwe kwa kufanywa upya nia zenu, mpate kujua hakika mapenzi ya Mungu, yaliyo mema, ya kumpendeza, na ukamilifu."*

Tuendelee kufikiria mambo mema ili tuwe nuru na chumvi ya ulimwengu huu, tukimtukuza Mungu katika kila jambo.

SURA YA 08

Kuvunja Ngome za Hofu na Wasiwasi

Hofu na wasiwasi ni vizuizi vikubwa vinavyoweza kumzuia muumini kuishi maisha ya uhuru na amani ambayo Kristo aliahidi. Katika imani ya Kikristo, ngome za kiroho kama hofu na wasiwasi huchukuliwa kama mifumo ya mawazo, mapambano ya kihemko, au hata minyororo ya kiroho ambayo inazuia mtu kufurahia ukamilifu wa uhuru wa Mungu. Katika sura hii, tutachunguza athari za hofu na wasiwasi, maana yake kitheolojia, na jinsi ya kuzivunja kupitia nguvu ya Neno la Mungu na Roho Mtakatifu.

1. Hofu ni Nini?

Hofu ni hisia ya asili inayotokea wakati mtu anakumbwa na tishio au hatari. Ingawa hofu ya muda mfupi inaweza kuwa kinga ya kimwili au kiakili, hofu ya muda mrefu inaweza kuwa ngome ya kiroho inayozuia ukuaji wa kiimani na uhuru wa kiroho.

Andiko Muhimu:

- **Isaya 41:10:** *"Usiogope, maana mimi ni pamoja nawe; usifadhaike, maana mimi ni Mungu wako. Nitakutia nguvu, nitakusaidia, naam, nitakushika kwa mkono wa kuume wa haki yangu."*

Hofu inaweza kuharibu uwezo wa mtu wa kumtegemea Mungu kwa kikamilifu, na mara nyingi hutumiwa na Shetani ili kupunguza imani ya muumini.

---

2. Wasiwasi ni Nini?

Wasiwasi ni hali ya kuhisi mashaka, hofu, au kutokuwa na utulivu kuhusu mambo yajayo au hali zisizoweza kudhibitiwa. Wasiwasi mara nyingi hutokana na kukosa imani katika uongozi wa Mungu na kujishikamanisha sana na mazingira ya sasa.

Andiko Muhimu:

- **Mathayo 6:34:** *"Basi msisumbukie ya kesho; kwa maana kesho itajisumbukia yenyewe. Yatosha siku kila siku mazuri yake."*

Wasiwasi unaweza kuwa mzizi wa matatizo ya kihisia, ya kimwili, na ya kiroho. Mungu anatoa wito kwa waumini wote kumtegemea Yeye badala ya kubeba mzigo wa wasiwasi wenyewe.

---

3. Athari za Hofu na Wasiwasi kwa Maisha ya Muumini

a) Kupunguza Imani kwa Mungu

Hofu na wasiwasi hufanya muumini kushindwa kuamini ahadi za Mungu kikamilifu. Hii hujenga umbali kati ya mtu na Mungu.

- **Zaburi 56:3:** *"Wakati ninaogopa, nitakutumaini Wewe."*

b) Kuvuruga Amani ya Moyo

Hofu na wasiwasi huchukua nafasi ya amani ya Mungu, ambayo ni zawadi ya Roho Mtakatifu.

- **Wafilipi 4:6-7:** *"Msijisumbue kwa neno lo lote; bali katika kila neno kwa kusali na kuomba, pamoja na kushukuru, haja zenu na zijulikane na Mungu. Na amani ya Mungu, ipitayo akili zote, itawahifadhi mioyo yenu na nia zenu katika Kristo Yesu."*

c) Kuathiri Mahusiano

Hofu na wasiwasi vinaweza kuathiri vibaya jinsi tunavyohusiana na wengine kwa kusababisha hofu ya kupoteza, kutokuamini, au mashaka yasiyo ya lazima.

d) Kushusha Afya ya Mwili na Akili

Wasiwasi wa kudumu unaweza kusababisha matatizo ya kiafya kama vile msongo wa mawazo, shinikizo la damu, na magonjwa mengine yanayotokana na mfadhaiko.

---

4. Kuvunja Ngome za Hofu na Wasiwasi

Hofu na wasiwasi ni ngome ambazo zinaweza kuvunjwa kwa nguvu ya Neno la Mungu, maombi, na imani thabiti. Hapa kuna hatua za kivitendo:

a) Kutambua Asili ya Hofu na Wasiwasi

Tambua kwamba hofu na wasiwasi mara nyingi hutoka kwa uongo wa Shetani au hali zisizoweza kudhibitiwa.

- **2 Timotheo 1:7:** *"Kwa maana Mungu hakutupa roho ya woga, bali ya nguvu, na ya upendo, na ya moyo wa kiasi."*

b) Kutegemea Neno la Mungu

Neno la Mungu lina ahadi nyingi za kushinda hofu na wasiwasi. Kujifunza na kutafakari maandiko haya kutakusaidia kushinda changamoto hizi.

- **Zaburi 34:4:** *"Nalimtafuta Bwana, akanijibu, akaniponya na hofu zangu zote."*

c) Kujisalimisha kwa Mungu kwa Maombi

Omba kwa unyenyekevu ukimweleza Mungu kila kitu kinachokusumbua.

- **1 Petro 5:7:** *"Mkimtwika yeye fadhaa zenu zote, kwa maana yeye hujishughulisha sana kwa mambo yenu."*

d) Kujaza Akili na Mambo Mazuri

Badala ya kuzingatia hofu na wasiwasi, jaza akili yako na Neno la Mungu na mambo yenye sifa njema.

- **Wafilipi 4:8:** *"Lolote lililo la kweli, lolote lililo la staha, lolote lililo la haki, lolote lililo safi, lolote lenye kupendeza, lolote lenye sifa njema, ukiwapo wema wo wote, ukiwapo usifiwo wo wote, yatafakarini hayo."*

5. Nguvu ya Mungu Katika Kuvunja Hofu na Wasiwasi

a) Uwepo wa Mungu Hutupa Ujasiri

- **Isaya 41:10:** *"Usiogope, maana mimi ni pamoja nawe; usifadhaike, maana mimi ni Mungu wako. Nitakutia nguvu, nitakusaidia, naam, nitakushika kwa mkono wa kuume wa haki yangu."*

b) Roho Mtakatifu Hututia Nguvu

- **Warumi 8:15:** *"Kwa maana hamkupokea roho ya utumwa iletayo hofu tena; bali mlipokea roho ya kufanywa wana, ambayo kwa hiyo twalia, Aba, Baba."*

c) Ujasiri Katika Kristo

- **Yohana 14:27:** *"Amani nawaachieni; amani yangu nawapa; si kama ulimwengu utoavyo, ndivyo mimi ninavyowapa. Msifadhaike mioyoni mwenu, wala msihofu."*

6. Biblia Inavyotufundisha Kuhusu Wasiwasi na Hofu

Biblia inatufundisha kwamba hofu na wasiwasi si sehemu ya mpango wa Mungu kwa maisha yetu. Mungu anatuita kutegemea nguvu yake na ahadi zake badala ya kushikilia hofu zetu.

Andiko Muhimu:

- **Mathayo 11:28-30:**
"Njoni kwangu, ninyi nyote msumbukao na wenye kulemewa na mizigo, nami nitawapumzisha. Jitwalieni nira yangu, mjifunze kwangu; kwa kuwa mimi ni mpole na mnyenyekevu wa moyo, nanyi mtapata raha nafsi zenu."

---

7. Matokeo ya Kuvunja Ngome za Hofu na Wasiwasi

1. **Uhuru wa Kiroho:**
Kuvunja hofu na wasiwasi hutufanya tuishi maisha ya uhuru ndani ya Kristo.
2. **Amani ya Moyo:**
Tunapata amani ya kweli inayopita akili zote (**Wafilipi 4:7**).
3. **Ushindi wa Kiroho:**
Tunaposhinda ngome hizi, tunakuwa mashahidi wa nguvu za Mungu.

Hofu na wasiwasi ni ngome ambazo zinaweza kuvunjwa kwa nguvu ya Neno la Mungu na maombi ya imani. Mungu ametupa silaha za kushinda changamoto hizi, ikiwa ni pamoja na Neno lake, maombi, na uwepo wa Roho Mtakatifu. Kama **Zaburi 34:4** inavyosema, *"Nalimtafuta Bwana, akanijibu, akaniponya na hofu zangu zote."* Tushirikiane na Mungu katika safari hii ya kuvunja ngome na tuishi maisha ya uhuru na amani ndani ya Kristo.

Jinsi Ahadi za Mungu Zinavyotoa Amani na Ujasiri (Isaya 41:10)

Isaya 41:10 inasema:

"Usiogope, maana mimi ni pamoja nawe; usifadhaike, maana mimi ni Mungu wako. Nitakutia nguvu, nitakusaidia, naam, nitakushika kwa mkono wa kuume wa haki yangu."

Aya hii ni ahadi yenye nguvu ya Mungu kwa watu wake, inayowapa ujasiri wa kushinda hofu na wasiwasi kwa kutegemea nguvu na uaminifu wake. Katika sura hii, tutachunguza jinsi ahadi za Mungu zinavyotupa amani na ujasiri, tukiangazia andiko hili kuu pamoja na maandiko mengine yanayozungumzia wokovu wa Mungu kutoka kwenye ngome za kiroho na changamoto za maisha.

---

1. Ahadi ya Mungu ya Wokovu

Ahadi za Mungu za wokovu zinatufundisha kwamba Yeye husikia kilio cha watu wake na hutoa msaada wa kipekee kutoka kwa kila aina ya shida, ikiwa ni pamoja na ngome za kiroho ambazo zinawafunga waumini.

a) Mungu Husikia Kilio Chetu

- **Zaburi 34:17:**

"Wenye haki hulia, naye Bwana husikia, huwaokoa na shida zao zote."

Mungu hutuonyesha kwamba hata tunapokuwa katika hali ya taabu, hatusahau bali hutuokoa kutoka kwenye mateso yetu.

b) Mungu ni Ngome Yetu ya Ulinzi

- **Zaburi 18:2:**
- *"Bwana ni jabali langu, ngome yangu, na mwokozi wangu; Mungu wangu ni jabali langu, ambaye nitakimbilia kwake, ngao yangu, na pembe ya wokovu wangu, ngome yangu."*

Hii inaonyesha kwamba Mungu ni ngome isiyopenyeka, anayetulinda dhidi ya maadui wote wa kimwili na wa kiroho.

---

2. Ahadi ya Mungu ya Uhuru kutoka Utumwa wa Kiakili na Kiroho

Mungu ameahidi kuwatoa watu wake kutoka katika kila aina ya utumwa, iwe wa kiroho au wa kihisia.

a) Yesu Kristo: Utimilifu wa Ahadi za Mungu

- **Isaya 61:1:**
- *"Roho ya Bwana Mungu i juu yangu; kwa sababu Bwana amenitia mafuta niwahubiri wanyenyekevu habari njema; amenituma kuwaganga walio na moyo uliovunjika, kuwatangazia mateka uhuru wao, na hao waliofungwa kufunguliwa kwao."*
- Yesu alitimiza unabii huu kwa kuleta uhuru kwa wote waliokuwa wamenaswa na ngome za dhambi na mateso.

b) Uhuru Kutoka Ngome za Dhambi

- **Yohana 8:36:**
- *"Basi Mwana akiwaweka huru, mtakuwa huru kweli kweli."*
- Uhuru huu unaonyesha kwamba kupitia Kristo tunaweza kuvunja minyororo ya dhambi na kutembea katika uhuru kamili wa kiroho.

---

3. Ahadi ya Mungu ya Kulinda na Kutoa Ulinzi

Katika nyakati za mapambano ya kiroho, Mungu anajitokeza kama ngome ya usalama kwa watu wake.

a) Ulinzi Dhidi ya Shambulio la Adui

- **Yeremia 15:20:**
- *"Nami nitakufanya kuwa ukuta kwa watu hawa, ukuta wa shaba wenye ngome; nao watapigana nawe, lakini hawatakushinda; maana mimi ni pamoja nawe, nikuokoe na kukuokoa, asema Bwana."*

Mungu anatuahidi ulinzi wake hata wakati maadui wanapojaribu kutushinda.

b) Kupigania Vita Vyetu

- **Kutoka 14:14:**
- *"Bwana atawapigania, nanyi mtakuwa kimya tu."*

- Mungu hutupigania vita vyetu, na hatuhitaji kupigana kwa nguvu zetu wenyewe.

---

4. Ahadi ya Mungu ya Kushinda Ngome za Hofu na Wasiwasi

Mungu anatupa amani na ujasiri ili kushinda hofu na wasiwasi kwa kutufundisha kumtegemea Yeye kikamilifu.

a) Kutegemea Nguvu ya Mungu

- **Isaya 41:10:**
- *"Usiogope, maana mimi ni pamoja nawe; usifadhaike, maana mimi ni Mungu wako. Nitakutia nguvu, nitakusaidia, naam, nitakushika kwa mkono wa kuume wa haki yangu."*
- Ahadi hii inatufundisha kwamba Mungu yuko nasi, hata katikati ya hofu, na anatupa nguvu na msaada wa kiungu.

b) Ujasiri Katika Nguvu za Mungu

- **2 Timotheo 1:7:**
- *"Kwa maana Mungu hakutupa roho ya woga, bali ya nguvu, na ya upendo, na ya moyo wa kiasi."* Roho wa Mungu hutupatia ujasiri wa kushinda hofu na kutembea kwa nguvu za kiroho.

---

5. Ahadi za Mungu za Wokovu wa Watoto Wake

Mungu sio tu anapigania waumini, bali pia anahakikisha wokovu wa vizazi vyao.

- **Isaya 49:25:**
- *"Lakini Bwana asema hivi, Naam, mateka wa mtu hodari wataondolewa, na nyara za mtu mwenye nguvu zitanyakuliwa; nami nitashindana na yeye ashindanaye nawe, nami nitawaokoa watoto wako."* Ahadi hii inatoa uhakikisho kwamba Mungu atalinda na kuwaokoa watoto wa waumini kutoka kwa kila aina ya hatari za kiroho na kimwili.

---

6. Nguvu za Ahadi za Mungu Katika Maisha Yetu

a) Ahadi Hutoa Amani ya Moyoni

Mungu anatoa amani ambayo inapita akili zote.

- **Wafilipi 4:6-7:** *"Msijisumbue kwa neno lo lote; bali katika kila neno kwa kusali na kuomba, pamoja na kushukuru, haja zenu na zijulikane na Mungu. Na amani ya Mungu, ipitayo akili zote, itawahifadhi mioyo yenu na nia zenu katika Kristo Yesu."*

b) Ahadi Zinatupa Ujasiri wa Kukabiliana na Changamoto

Mungu anapoahidi kutusaidia, hatupaswi kuwa na woga wala mashaka.

- **Yohana 16:33:** *"Mambo haya nimewaambia, mpate kuwa na amani ndani yangu. Ulimwenguni mnayo dhiki; lakini jipeni moyo; mimi nimeushinda ulimwengu."*

Ahadi za Mungu ni msingi wa amani na ujasiri wa muumini. Kupitia ahadi hizi, tunaweza kuvunja ngome za hofu, wasiwasi, na dhambi, na kutembea kwa uhuru wa kiroho. Kama **Zaburi 18:2** inavyosema:

"Bwana ni jabali langu, ngome yangu, na mwokozi wangu; Mungu wangu ni jabali langu, ambaye nitakimbilia kwake, ngao yangu, na pembe ya wokovu wangu, ngome yangu."

Tunaposhikilia ahadi za Mungu, tunapata uhakika kwamba hakuna kitu, hata ngome za kiroho, kinachoweza kututenganisha na upendo wake.

Hatua za Kivitendo za Kushinda Hofu: Maombi, Maandiko, na Jamii

Hofu ni moja ya ngome zinazoweza kumzuia muumini kuishi maisha kamili ya uhuru katika Kristo. Kupitia Neno la Mungu, maombi, na msaada wa jamii ya kiroho, tunaweza kushinda hofu na kuimarisha imani yetu kwa Mungu. Katika sura hii, tutajadili hatua za kivitendo zinazoweza kuchukuliwa ili kushinda hofu na kuishi maisha yaliyojaa amani na ujasiri wa kiroho.

---

1. Kushiriki Katika Maombi ya Kila Siku na Tafakari ya Maandiko

Maombi ni mazungumzo ya moja kwa moja na Mungu, ambapo tunatoa wasiwasi na hofu zetu kwake. Tafakari ya maandiko husaidia kujaza akili zetu na ukweli wa Mungu, ambao hutuimarisha dhidi ya mashambulizi ya hofu.

Andiko Muhimu:

- **1 Petro 5:7:** *"Mkimtwika yeye fadhaa zenu zote, kwa maana yeye hujishughulisha sana kwa mambo yenu."*

Vitendo vya Kivitendo:

1. Tenga muda kila siku kwa maombi na kusoma Neno la Mungu.
2. Tafakari maandiko yanayohusiana na ahadi za Mungu dhidi ya hofu, kama **Isaya 41:10** na **Zaburi 34:4**.
3. Mwambie Mungu hofu zako kwa uwazi na umuombe ujasiri wa kushinda changamoto zako.

---

2. Kuhifadhi Maandiko Muhimu Yanayoshughulikia Hofu

Kuhifadhi maandiko kunakupa silaha ya kiroho inayoweza kutumika wakati hofu inapojitokeza. Neno la Mungu lina nguvu ya kubadilisha mawazo yetu na kutupa nguvu tunapokumbwa na changamoto.

Andiko Muhimu:

- **Mathayo 4:4:** *"Mtu hataishi kwa mkate tu, bali kwa kila neno litokalo katika kinywa cha Mungu."*

Vitendo vya Kivitendo:

1. Jifunze na kariri maandiko kama **2 Timotheo 1:7**: *"Kwa maana Mungu hakutupa roho ya woga, bali ya nguvu, na ya upendo, na ya moyo wa kiasi."*
2. Tumia maandiko haya katika maombi yako na unapokumbwa na hofu.

---

3. Kuweka Kumbukumbu za Hofu na Ushindi wa Mungu

Kuandika hofu zako na jinsi Mungu anakusaidia kuzishinda ni njia ya kujifunza na kuimarisha imani yako.

Andiko Muhimu:

- **Zaburi 77:11-12:** *"Nitamkumbuka Bwana matendo yake; naam, nitakumbuka maajabu yako ya kale. Nami nitafakari kazi zote ulizozifanya, nitazungumzia matendo yako makuu."*

Vitendo vya Kivitendo:

1. Andika hofu zako katika daftari na uombe kuhusu kila moja yao.
2. Rekodi ushuhuda wa jinsi Mungu alivyokusaidia kushinda kila hofu.
3. Tumia kumbukumbu hizi kama ushuhuda wa uaminifu wa Mungu wakati ujao.

---

4. Kushiriki Katika Vikundi Vidogo au Mafunzo ya Biblia

Jamii ya kiroho inatoa msaada, faraja, na maombi ya pamoja ambayo yanaweza kusaidia kushinda hofu.

Andiko Muhimu:

- **Waebrania 10:24-25:** *"Tujitahidi kushughulikiana katika kuhamasisha upendo na matendo mema, wala tusiache kukusanyika pamoja, kama ilivyo desturi ya wengine, bali tuonyane; na zaidi sana kwa kuwa mwona siku ile inakaribia."*

Vitendo vya Kivitendo:

1. Jiunge na kikundi kidogo cha waumini wanaoshirikiana kuhusu changamoto za kiimani.
2. Shiriki hofu zako na omba msaada wa maombi na faraja kutoka kwa waumini wenzako.

---

5. Kusifu na Kuabudu

Kusifu na kuabudu hutupeleka katika uwepo wa Mungu, ambapo hofu na wasiwasi hupotea. Ni kitendo cha kiroho kinachotufanya tuangalie ukuu wa Mungu badala ya changamoto zetu.

Andiko Muhimu:

- **Zaburi 34:1:** *"Nitamhimidi Bwana kila wakati; sifa zake zitakuwa kinywani mwangu daima."*

Vitendo vya Kivitendo:

1. Tenga muda wa kila siku kusifu na kumwabudu Mungu kupitia nyimbo na sala.
2. Tafakari ukuu wa Mungu na jinsi anavyoweza kushinda kila changamoto maishani mwako.

---

6. Matendo ya Huduma

Kuhudumia wengine hutuondoa katika kujifikiria wenyewe na hutufanya kuwa sehemu ya kazi ya Mungu duniani. Huduma huimarisha imani yetu na kutufundisha kutegemea Mungu hata zaidi.

Andiko Muhimu:

- **Matendo 20:35:** *"Kwa kuwa nimewaonyesha jinsi kwa kazi ya namna hii imempasa mtu kuwasaidia wanyonge, na kuyakumbuka maneno ya Bwana*

Yesu, jinsi alivyosema mwenyewe, 'Ni heri kutoa kuliko kupokea.'"

Vitendo vya Kivitendo:

1. Jitolee wakati wako kwa kusaidia wale walio na mahitaji maalum.
2. Tumia fursa za kushiriki Neno la Mungu na wale walio na hofu na wasiwasi.

---

7. Kutafuta Msaada wa Kitaalamu

Katika baadhi ya hali, msaada wa kitaalamu kutoka kwa mshauri wa Kikristo au mchungaji unaweza kuwa muhimu. Hii inasaidia wakati hofu imekita mizizi sana na haiwezi kushughulikiwa kwa urahisi kupitia maombi na maandiko pekee.

Andiko Muhimu:

- **Mithali 11:14:** *"Pasipo mashauri taifa huanguka; bali kwa wingi wa washauri huja wokovu."*

Vitendo vya Kivitendo:

1. Tafuta mshauri wa Kikristo ambaye anaweza kusaidia kushughulikia hofu zako kwa njia ya kimaandiko.
2. Jiunge na programu za ushauri wa kiroho zinazohimiza uponyaji na amani.

Hofu ni changamoto ya kawaida, lakini Mungu ametupa njia za kushinda hofu na kuishi maisha ya ushindi. Kwa kushiriki katika maombi ya kila siku, kutafakari maandiko, kushirikiana na jamii ya waumini, na kushikilia ahadi za Mungu, tunaweza kuvunja ngome za hofu na kujazwa na amani ya Kristo. Kama **Isaya 41:10** inavyosema: *"Usiogope, maana mimi ni pamoja nawe; usifadhaike, maana mimi ni Mungu wako. Nitakutia nguvu, nitakusaidia, naam, nitakushika kwa mkono wa kuume wa haki yangu."*

Tukumbuke kwamba Mungu yuko nasi kila wakati, na nguvu zake zinatosha kushinda kila hofu maishani mwetu.

Ushuhuda wa Uhuru kutoka kwa Hofu

Hofu ni moja ya changamoto za kiroho ambazo waumini wengi wanapitia, lakini Biblia inatoa ushuhuda mwingi wa jinsi Mungu alivyojidhihirisha kwa watu wake na kuwapa uhuru kutoka hofu. Katika sura hii, tutashirikisha ushuhuda wa kibiblia unaoonyesha jinsi Mungu alivyoondoa hofu kutoka kwa maisha ya watu wake, na jinsi tunavyoweza kujifunza kutoka kwa mifano hii ili kushinda hofu zetu leo.

---

1. Musa na Bahari ya Shamu: Ujasiri wa Kutegemea Mungu

Wakati Waisraeli walipoikimbia Misri, walikuta mbele yao Bahari ya Shamu na nyuma yao majeshi ya Farao. Walijawa na hofu, lakini Mungu aliwahakikishia ulinzi wake na akawapatia njia ya kupita katikati ya bahari.

Andiko Muhimu:

- **Kutoka 14:13-14:**

"Musa akawaambia watu, Msiogope, simameni tu, mkauone wokovu wa Bwana atakaowafanyia leo; kwa maana hao Wamisri mliowaona leo hamtawaona tena milele. Bwana atawapigania, nanyi mtakuwa kimya."

Ushuhuda:

Mungu aliondoa hofu yao kwa kuigawanya Bahari ya Shamu, na Waisraeli walipita salama. Hii inatufundisha kwamba Mungu anaweza kutupatia njia hata pale tunapoona hakuna tumaini.

---

2. Daudi na Goliathi: Ujasiri wa Imani

Daudi, kijana mdogo, alikabiliana na Goliathi, shujaa wa vita wa Wafilisti. Waisraeli walijawa na hofu, lakini

Daudi alitegemea nguvu za Mungu badala ya uwezo wake mwenyewe.

Andiko Muhimu:

- **1 Samweli 17:45:**

"Ndipo Daudi akamwambia yule Mfilisti, Wewe unanijia mimi kwa upanga, na kwa mkuki, na kwa mkuki mkubwa; bali mimi nakujia wewe kwa jina la Bwana wa majeshi, Mungu wa majeshi ya Israeli, uliye mtukana."

Ushuhuda:

Daudi alimshinda Goliathi kwa jiwe na kombeo, akionyesha kwamba imani katika Mungu inaweza kushinda hofu na changamoto kubwa.

---

3. Elia na Manabii wa Baali: Ujasiri wa Kusimama kwa Ukweli

Elia alikabiliana na manabii wa uongo wa Baali kwenye Mlima Karmeli. Ingawa alihisi upweke, alisimama imara katika imani yake kwa Mungu wa kweli, na Mungu alijidhihirisha kwa moto kutoka mbinguni.

Andiko Muhimu:

- **1 Wafalme 18:36-39:**

"Ikawa wakati wa kutoa sadaka ya jioni, Elia nabii akakaribia, akasema, Ee Bwana, Mungu wa Ibrahimu, wa Isaka, na wa Israeli, na ijulikane leo ya kuwa Wewe ndiwe Mungu katika Israeli, na ya kuwa mimi ni mtumishi wako, na ya kuwa nimefanya mambo haya yote kwa neno lako."

Ushuhuda:

Moto wa Mungu uliteketeza sadaka ya Elia, na watu wote wakakiri kwamba Bwana ndiye Mungu wa kweli. Ushuhuda huu unatufundisha kwamba Mungu hutuimarisha hata tunapokabiliana na hali za kutisha.

---

4. Danieli Katika Tundu la Simba: Ulinzi wa Mungu Dhidi ya Hatari

Danieli aliwekwa kwenye tundu la simba kwa sababu ya imani yake kwa Mungu. Badala ya kuogopa, aliendelea kumtegemea Mungu, na Mungu alimlinda dhidi ya simba wenye njaa.

Andiko Muhimu:

- **Danieli 6:22:**

"Mungu wangu alimtuma malaika wake, akaifumba vinywa vya simba, wasinidhuru; kwa kuwa mimi nalionekana kuwa sina hatia mbele yake."

Ushuhuda:

Mungu alimlinda Danieli, akionyesha uaminifu wake kwa wale wanaomtegemea hata katikati ya hatari kubwa.

---

5. Shadraka, Meshaki, na Abednego: Ujasiri wa Kukataa Kuabudu Sanamu

Marafiki watatu wa Danieli walikataa kuabudu sanamu ya mfalme Nebukadneza na walitupwa katika tanuru ya moto. Hata hivyo, Mungu alijidhihirisha kwa nguvu zake kwa kuwalinda ndani ya moto.

Andiko Muhimu:

- **Danieli 3:17-18:**

"Ikiwa ni hivyo, Mungu wetu tunayemtumikia aweza kutuokoa na tanuru ile iwakayo moto; naye atatuokoa na mkono wako, Ee mfalme. Lakini kama sivyo, ujue, Ee mfalme, ya kuwa sisi hatutamtumikia miungu yako, wala kuiabudu sanamu ya dhahabu uliyoisimamisha."

Ushuhuda:

Mungu aliwaokoa bila hata harufu ya moto kwenye mavazi yao, akithibitisha uweza wake na uaminifu wake kwa wale wanaomtii.

---

6. Yesu Kristo: Ushindi Juu ya Hofu ya Kifo

Yesu alikabili mateso na kifo msalabani, lakini hakuruhusu hofu ya maumivu au kifo kumzuia kutimiza mpango wa Mungu wa wokovu.

Andiko Muhimu:

- **Luka 22:42:**

"Akisema, Baba, ikiwa ni mapenzi yako, uniondolee kikombe hiki; walakini si mapenzi yangu, bali yako yatendeke."

Ushuhuda:

Yesu alikubali mapenzi ya Baba na alishinda kifo kwa kufufuka kwake, akitufundisha kwamba hata hofu ya kifo inaweza kushindwa kwa utii na imani kwa Mungu.

---

7. Paulo na Silasi: Kusifu Katikati ya Shida

Paulo na Silasi walikamatwa na kufungwa gerezani, lakini badala ya kuogopa au kulalamika, waliimba nyimbo za sifa kwa Mungu.

Andiko Muhimu:

- **Matendo 16:25-26:**

"Lakini karibu na usiku wa manane, Paulo na Sila walikuwa wakiomba na kumwimbia Mungu nyimbo za kumsifu; na wafungwa wengine walikuwa wakiwasikiliza. Ghafula pakawa na tetemeko kuu la nchi, hata misingi ya gereza ikatikisika; na mara hiyo milango yote ikafunguka, na vifungo vya wote vikalegezwa."

Ushuhuda:

Sifa zao zilivunja minyororo ya kimwili na kiroho, zikionyesha kwamba kusifu Mungu kunaweza kushinda hofu yoyote.

Ushuhuda wa kibiblia unaonyesha kwamba Mungu hutoa uhuru kwa watu wake kutoka kwa hofu kwa kuwapa ujasiri, nguvu, na ulinzi wake wa kipekee. Kama **Isaya 41:10** inavyosema:

"Usiogope, maana mimi ni pamoja nawe; usifadhaike, maana mimi ni Mungu wako. Nitakutia nguvu, nitakusaidia, naam, nitakushika kwa mkono wa kuume wa haki yangu." Tunaweza kujifunza kutoka kwa mifano hii na kumtegemea Mungu katika hali zote, tukijua kwamba Yeye ni mwaminifu na mwenye nguvu za kutosha kuvunja kila ngome ya hofu maishani mwetu.

SURA YA 09

Kuvunja Ngome za Vizazi

Kuelewa Mifumo ya Vizazi na Urithi wa Kiroho

Ngome za vizazi ni mifumo ya tabia, dhambi, au matokeo hasi yanayorithiwa kutoka kizazi kimoja hadi kingine. Mara nyingi, ngome hizi hujitokeza kwa njia ya tabia za mara kwa mara, kama vile ulevi, ghasia, kuvunjika kwa ndoa, au hata hali za kiroho zinazotokana na maamuzi ya kifamilia yaliyopita. Katika sura hii, tutachunguza asili ya ngome hizi, jinsi zinavyorithiwa kiroho, na hatua za kivitendo za kuzivunja kwa msaada wa Mungu.

1. Ngome za Vizazi ni Nini?

Ngome za vizazi ni mifumo ya kiroho, kihisia, au kitabia inayopitishwa kupitia familia. Hii inaweza kuwa matokeo ya dhambi, maamuzi mabaya, au hata maagano ya kiroho yaliyofanyika na vizazi vya zamani.

Andiko Muhimu:

- **Kutoka 20:5-6:**

"Usiwasujudie wala kuwaabudu; kwa kuwa mimi, Bwana, Mungu wako, ni Mungu mwenye wivu, nawapatiliza wana maovu ya baba zao, hata kizazi cha tatu na cha nne cha wanichukiao; nami nawarehemu maelfu elfu wanipendao na kuzishika amri zangu."

Ngome hizi haziashirii kwamba watu binafsi wanalaumiwa kwa dhambi za mababu zao, bali zinaonyesha kwamba athari za dhambi zinaweza kuendelea kuathiri kizazi baada ya kizazi.

2. Kujua Mifumo ya Vizazi na Jinsi Zinavyorithiwa Kiroho

a) Kutambua Mifumo ya Vizazi

Kabla ya kuvunja ngome za vizazi, ni muhimu kutambua mifumo hasi ndani ya familia. Hii inaweza kujumuisha:

1. Tabia za mara kwa mara kama ulevi, hasira, au vurugu.
2. Kushindwa kwa ndoa au kuvunjika kwa familia.
3. Ugumu wa kiroho, kama kuabudu sanamu au kupinga imani ya Kikristo.

b) Urithi wa Kiroho

Mifumo hii inaweza kurithiwa kiroho kupitia maagano yaliyofanywa na mababu zetu. Hii ni kwa sababu ya maamuzi yaliyofanywa kinyume na mapenzi ya Mungu, ambayo yanaweza kuathiri kizazi cha baadaye.

Andiko Muhimu:

- **Hesabu 14:18:**

"Bwana ni mwenye upole mwingi na mwingi wa rehema, mwenye kusamehe uovu na makosa, lakini hakika hamhesabii mwenye hatia kuwa hana hatia, huwaadhibu wana kwa sababu ya uovu wa baba zao, hata kizazi cha tatu na cha nne."

3. Hatua za Kivitendo za Kuvunja Mzunguko wa Vizazi

Kuvunja ngome za vizazi ni mchakato unaohitaji kumtegemea Mungu, kutubu, na kufanya maamuzi ya kiroho kwa bidii.

1. Kutambua na Kukiri (Recognition and Confession)

Hatua ya kwanza ni kutambua dhambi au mifumo hasi iliyoko ndani ya familia. Kukiri mbele za Mungu ni hatua ya mwanzo ya uponyaji.

- **1 Yohana 1:9:**

"Tukiziungama dhambi zetu, yeye ni mwaminifu na wa haki, hata atuondolee dhambi zetu, atusafishe na udhalimu wote."

Vitendo vya Kivitendo:

1. Angalia historia ya familia yako ili kutambua mifumo ya tabia hasi.
2. Omba Mungu akuonyeshe mizizi ya matatizo hayo na ukubali uwepo wake.

---

2. Toba na Msamaha (Repentance and Forgiveness)

Toba ya kweli inahusisha kugeuka kutoka dhambi na kutafuta msamaha wa Mungu. Hii pia ni pamoja na kusamehe wale waliochangia mzunguko huo wa vizazi.

- **Mathayo 6:14-15:**

"Kwa maana mkiwasamehe watu makosa yao, na Baba yenu wa mbinguni atawasamehe ninyi. Bali msipowasamehe watu makosa yao, wala Baba yenu hatawasamehe ninyi makosa yenu."

Vitendo vya Kivitendo:

1. Omba toba kwa ajili ya dhambi za familia zako.
2. Samehe kwa moyo wale waliokufanya uathirike kwa njia moja au nyingine.

---

3. Maombi na Maombezi (Prayer and Intercession)

Maombi ni muhimu kwa kuvunja minyororo ya kiroho. Maombi ya maombezi yanaweza kusaidia kufungua vifungo vya familia.

- **Yakobo 5:16:**

"Ungameni dhambi zenu ninyi kwa ninyi, na kuombeana, mpate kuponywa. Maombi ya mwenye haki yana nguvu nyingi, ya kazi."

Vitendo vya Kivitendo:

1. Omba Mungu kuvunja maagano yoyote ya kiroho yaliyorithiwa.
2. Omba kwa ajili ya kizazi kijacho ili kisizidi kuathiriwa na ngome hizo.

---

4. Kufanywa Upya kwa Akili (Renewal of the Mind)

Neno la Mungu lina nguvu ya kubadilisha mawazo na tabia zetu. Tunapojifunza Neno lake, akili zetu zinabadilishwa ili kuelewa mpango wake wa ukombozi.

- **Warumi 12:2:**

"Wala msiifuatishe namna ya dunia hii; bali mgeuzwe kwa kufanywa upya nia zenu, mpate kujua hakika mapenzi ya Mungu, yaliyo mema, ya kumpendeza, na ukamilifu."

Vitendo vya Kivitendo:

1. Soma na tafakari maandiko kila siku.
2. Jaza mawazo yako na ahadi za Mungu zinazoshughulikia uhuru wa kiroho.

---

5. Jamii na Uwajibikaji (Community and Accountability)

Kushirikiana na waumini wengine hutoa msaada na uwajibikaji unaosaidia katika safari ya kuvunja ngome za vizazi.

- **Waebrania 10:24-25:**

"Tujitahidi kushughulikiana katika kuhamasisha upendo na matendo mema, wala tusiache kukusanyika pamoja, kama ilivyo desturi ya wengine, bali tuonyane; na zaidi sana kwa kuwa mwona siku ile inakaribia."

Vitendo vya Kivitendo:

1. Jiunge na kikundi cha maombi au ushauri wa Kikristo.
2. Shiriki changamoto zako na watu unaowaamini kwa maombi na msaada wa kiroho.

Ngome za vizazi zinaweza kuvunjwa kupitia nguvu ya Neno la Mungu, maombi, na toba ya kweli. Mungu anatoa uhuru kwa watu wake wanapomwomba msaada wake na kufuata maelekezo yake ya kiroho. Kama **Isaya 61:1** inavyosema:

"Roho ya Bwana Mungu i juu yangu; kwa sababu Bwana amenitia mafuta niwahubiri wanyenyekevu habari njema; amenituma kuwaganga walio na moyo uliovunjika, kuwatangazia mateka uhuru wao, na hao waliofungwa kufunguliwa kwao."

Tuchukue hatua za makusudi ili kuvunja minyororo ya vizazi, tukijua kwamba Mungu ana uwezo wa kuturudisha kwenye uhuru na amani yake kamilifu.

Mifano ya Kimaandiko ya Dhambi za Vizazi na Ukombozi

Biblia inaonyesha mifano mingi ya jinsi dhambi za kizazi kimoja zinaweza kuwa na athari za muda mrefu kwa vizazi vya baadaye, lakini pia inatoa ushuhuda wa neema ya Mungu na ukombozi wa kiungu unaoweza kuvunja minyororo hiyo. Sura hii inachunguza mifano ya dhambi za vizazi na ukombozi katika Biblia, tukijifunza jinsi ya kukabiliana na mifumo hii kwa msaada wa Mungu.

---

1. Dhambi ya Adamu na Hawa: Mwanzo wa Dhambi ya Vizazi

Dhambi ya Adamu na Hawa katika bustani ya Edeni ni mfano wa kwanza wa jinsi dhambi za watu binafsi zinaweza kuwa na athari za kizazi kwa wanadamu wote. Uasi wao dhidi ya Mungu ulianzisha mzunguko wa dhambi na kifo ambao umeathiri kizazi baada ya kizazi.

Andiko Muhimu:

- **Warumi 5:12:**

"Kwa hiyo, kama kwa mtu mmoja dhambi iliingia ulimwenguni, na kwa dhambi hiyo mauti; na hivyo mauti ikawafikia watu wote, kwa sababu wote wamefanya dhambi."

Athari za Dhambi:

1. Dhambi ilileta kifo cha kiroho na kimwili.
2. Uhasama ulianzishwa kati ya wanadamu na Mungu.
3. Tamaa ya dhambi imekuwa sehemu ya asili ya wanadamu.

Ukombozi:

- Mungu aliahidi ukombozi kupitia uzao wa mwanamke.
- **Mwanzo 3:15:** *"Nami nitaweka uadui kati yako na huyo mwanamke, na kati ya uzao wako na uzao wake; huo utakuponda kichwa, na wewe utamponda kisigino."*
- Ukombozi huu ulitimia kupitia Yesu Kristo, ambaye alileta wokovu kwa ulimwengu mzima.

---

2. Nyumba ya Daudi: Dhambi, Madhara, na Ukombozi

Mfalme Daudi, mtu aliyempenda Mungu, alifanya dhambi kubwa alipofanya uzinzi na Bathsheba na kupanga mauaji ya Uria, mume wa Bathsheba. Dhambi hii haikuathiri tu Daudi, bali pia ilileta athari mbaya kwa familia yake.

Andiko Muhimu:

- **2 Samweli 12:10-11:**

"Basi, sasa, upanga hautaondoka nyumbani mwako milele; kwa kuwa umenidharau, ukamtwaa mke wa Uria Mhiti, awe mke wako. Bwana asema hivi, Tazama, nitakufanyia mabaya yatakayotoka ndani ya nyumba yako."

Athari za Dhambi ya Daudi:

1. Kifo cha mtoto aliyezaliwa na Bathsheba.
2. Ghasia na migogoro ya kifamilia, kama uasi wa Absalomu.
3. Kuvunjika kwa uaminifu na amani ndani ya familia ya kifalme.

Ukombozi:

- Daudi alitubu kwa dhati dhambi zake.
- **Zaburi 51:1-2:** *"Ee Mungu, unirehemu mimi, kwa kadiri ya fadhili zako; kwa kadiri ya wingi wa rehema zako uyafute makosa yangu. Unioshe kabisa na uovu wangu, unitakase dhambi zangu."*
- Mungu alitoa neema yake kwa kuendelea kutumia nyumba ya Daudi kama njia ya kuleta Masiha, Yesu Kristo.
- **Mathayo 1:1:** Yesu alizaliwa kutoka kwa ukoo wa Daudi, akitimiza ahadi za Mungu.

---

3. Dhambi za Baba kwa Watoto: Mifano Mbalimbali Katika Biblia

a) Mfalme Yeroboamu

Yeroboamu alitenda dhambi kwa kuanzisha ibada za sanamu na kuwafanya Waisraeli kumwasi Mungu. Dhambi zake ziliathiri kizazi chake, na hatimaye familia yake yote iliharibiwa.

- **1 Wafalme 13:34:** *"Na jambo hili likawa dhambi ya nyumba ya Yeroboamu, hata ikaangamizwa na kuharibiwa katika uso wa nchi."*

b) Ahabu na Yezebeli

Mfalme Ahabu na mkewe Yezebeli walileta dhambi kubwa ya kuabudu miungu ya uongo, na matokeo yake yalikuwa mabaya kwa nyumba yao na taifa la Israeli.

- **1 Wafalme 21:25:** *"Hakika hapakuwa na mtu kama Ahabu, aliyemfanya mwenyewe kuwa mwovu machoni pa Bwana, ambaye Yezebeli mkewe alimchochea."*

Ukombozi:

Ingawa kizazi cha Ahabu kilihukumiwa, Mungu aliendelea kutumia manabii wake kama Eliya na Elisha kuhubiri toba na ukombozi.

---

4. Mifumo ya Dhambi za Vizazi na Ukombozi Leo

Ngome za vizazi zinaweza kujitokeza leo kupitia:

1. **Ulevi:** Dhambi ya kulewa inaweza kurithiwa kupitia mifano ya tabia ndani ya familia.
2. **Hasira na Ghasia:** Tabia za hasira na vurugu zinaweza kufuatwa katika historia ya familia.
3. **Ufisadi wa Maadili:** Hali za kutokuwa waaminifu au udanganyifu zinaweza kuathiri kizazi baada ya kizazi.

Ukombozi wa Kiroho:

- Kupitia Kristo, tunapewa uwezo wa kuvunja ngome hizi.
- **2 Wakorintho 5:17:** *"Hata imekuwa mtu akiwa ndani ya Kristo amekuwa kiumbe kipya; ya kale yamepita; tazama, yamekuwa mapya."*

---

5. Hatua za Kuvunja Dhambi za Vizazi

a) Kutambua Mifumo ya Dhambi

Jiulize: Je, kuna tabia za mara kwa mara katika familia yangu zinazokinzana na Neno la Mungu?

b) Kukiri na Kutubu

Kiri dhambi zako na za familia yako mbele za Mungu.

- **Nehemia 1:6-7:** *"Naomba sikio lako lisikilize, na macho yako yatazame, upate kuyasikiliza maombi ya mtumishi wako... kwa maana mimi na nyumba ya baba yangu tumefanya dhambi."*

c) Kuomba Ukombozi

Omba kwa imani kwamba Mungu anaweza kuvunja minyororo ya vizazi.

- **Yakobo 5:16:** *"Maombi ya mwenye haki yana nguvu nyingi, ya kazi."*

d) Kusimama Imara Katika Ahadi za Mungu

Jaza akili yako na Neno la Mungu na simama katika ahadi zake.

- **Warumi 12:2:** *"Mgeuzwe kwa kufanywa upya nia zenu."*

Mifano ya kibiblia ya dhambi za vizazi na ukombozi inaonyesha jinsi athari za dhambi zinaweza kuendelea, lakini pia jinsi nguvu ya Mungu inaweza kuleta ukombozi wa kipekee. Kama **Zaburi 103:17-18** inavyosema:

"Lakini fadhili za Bwana ni za tangu milele hata milele juu yao wamchao, na haki yake ni kwa watoto wa watoto; kwa hao walishikao agano lake, na kuzikumbuka amri zake na kuzitenda."

Kupitia Kristo, tunaweza kuvunja minyororo ya dhambi na kuanzisha urithi wa kiroho wa haki kwa vizazi vyetu.

Maombi ya Kuvunja Laana za Vizazi na Kuweka Urithi wa Kiungu

Maombi ni silaha yenye nguvu ya kiroho inayoweza kuvunja minyororo ya laana za vizazi na kuanzisha urithi wa kiungu kwa familia zetu. Kupitia maombi, tunaweza kutubu, kutangaza uhuru wa kiroho, na kuanzisha msingi wa baraka kwa vizazi vijavyo. Katika sura hii, tutaandika maombi maalum, kila moja likiambatana na maandiko yanayosaidia kufanikisha matakwa ya kiroho.

---

1. Maombi ya Kutambua na Kukiri Dhambi za Vizazi

Maombi:

"Baba wa mbinguni, ninakushukuru kwa neema yako isiyo na mwisho na rehema zako mpya kila siku. Nakuomba unisaidie kutambua dhambi za vizazi katika familia yangu. Ninakiri mbele zako kila dhambi iliyofanywa na mababu zangu, na ninakuomba msamaha kwa dhambi hizo. Kwa kadiri ya Neno lako, Ee Bwana, umetuhakikishia msamaha. Neno lako linasema katika ***1 Yohana 1:9****, 'Tukiziungama dhambi zetu, Yeye ni mwaminifu na wa haki hata atuondolee dhambi zetu, atusafishe na udhalimu wote.' Bwana, safisha familia yangu kutokana na kila uovu na tuwe huru kwako. Amina."*

---

2. Maombi ya Kuvunja Laana za Vizazi

Andiko Muhimu:

- **Kutoka 20:5-6:** *"Mimi, Bwana, Mungu wako, ni Mungu mwenye wivu, nawapatiliza wana maovu ya baba zao, hata kizazi cha tatu na cha nne cha wanichukiao; nami nawarehemu maelfu elfu wanipendao na kuzishika amri zangu."*

Maombi:

"Baba wa rehema, ninakushukuru kwa kuwa u mwaminifu kwa vizazi vyote. Kwa mamlaka ya jina la Yesu Kristo, ninavunja kila laana ya vizazi inayotawala katika familia yangu. Ninaamuru kila ngome ya kiroho, laana, au maagano yaliyorithiwa kuvunjwa sasa kwa jina la Yesu. Kama ulivyoahidi katika ***Galatia 3:13****, 'Kristo alitukomboa kutoka katika laana ya torati, kwa kuwa alifanyika laana kwa ajili yetu.' Ninaamini na kutangaza kwamba familia yangu iko*

huru kutoka laana zote, na sasa tunaishi chini ya baraka zako za kiungu. Amina."

3. Maombi ya Toba na Msamaha

Andiko Muhimu:

- **Mathayo 6:14-15:** *"Kwa maana mkiwasamehe watu makosa yao, na Baba yenu wa mbinguni atawasamehe ninyi. Bali msipowasamehe watu makosa yao, wala Baba yenu hatawasamehe ninyi makosa yenu."*

Maombi:

"Bwana, ninatubu kwa dhati kwa dhambi za familia yangu. Ninaomba msamaha kwa dhambi za mababu zangu ambazo zimeleta uharibifu wa kiroho kwa vizazi vya familia yetu. Nakuomba unipe moyo wa kusamehe, Bwana. Ninawasamehe wale waliotenda dhambi dhidi yangu na familia yangu. Ninaamini kwamba msamaha wako hutuweka huru. Ninakushukuru kwa Neno lako linalosema katika ***Zaburi 103:12****, 'Kama mashariki ilivyo mbali na magharibi, ndivyo alivyoweka dhambi zetu mbali nasi.' Amina."*

4. Maombi ya Ukombozi na Uhuru wa Kiroho

Andiko Muhimu:

- **Yohana 8:36:** *"Basi Mwana akiwaweka huru, mtakuwa huru kweli kweli."*

Maombi:

"Bwana Yesu, ninakushukuru kwa ukombozi na uhuru ulionipa kupitia kazi yako msalabani. Ninaomba uhuru wa kiroho kwa familia yangu na vizazi vijavyo. Ninaamuru kila minyororo ya kiroho, dhambi, na laana kuvunjwa sasa kwa jina lako lenye nguvu. Ee Mungu, tafadhali tupatie amani yako ambayo inapita akili zote. Ninaamini ahadi zako, na

ninatangaza kwamba familia yangu ni huru na inaishi maisha ya baraka, amani, na haki. Amina."

---

5. Maombi ya Kuweka Urithi wa Kiungu

Andiko Muhimu:

- **Zaburi 112:1-2:** *"Heri mtu yule amchaye Bwana, apendezwaye sana na maagizo yake. Wazao wake watakuwa hodari duniani; kizazi cha wenye adili kitabarikiwa."*

Maombi:

"Bwana wa utukufu, ninaomba kwamba wewe uweke urithi wa kiungu ndani ya familia yangu. Ninaomba kwamba vizazi vyangu viweze kukutumikia na kuenenda katika njia zako. Neno lako linasema kwamba kizazi cha wenye haki kimebarikiwa. Ninaomba watoto wangu na wajukuu wangu wawe hodari kiroho, wakiishi maisha ya uaminifu kwako. Ninakushukuru kwa ahadi zako za kutubariki na kuweka urithi wa baraka kwa vizazi vyetu. Amina."

---

6. Maombi ya Ulinzi Dhidi ya Ngome Mpya

Andiko Muhimu:

- **Isaya 54:17:** *"Kila silaha itakayofanyika juu yako haitafanikiwa; na kila ulimi utakaojiinua juu yako hukumuni utauhukumu. Hii ndiyo urithi wa watumishi wa Bwana, na haki yao inayotoka kwangu, asema Bwana."*

Maombi:

"Mungu mwenye nguvu, nakushukuru kwa ulinzi wako wa kila siku. Ninaomba kwamba unalinde familia yangu dhidi ya ngome mpya za kiroho zinazoweza kujaribu kuingia. Kila mpango wa adui dhidi yetu nauvunja sasa kwa jina la Yesu Kristo. Bwana, uwe ngome yetu na ngao yetu. Ninakutegemea, Ee Mungu, na ninatangaza ushindi juu ya kila hila za adui. Amina."

---

7. Maombi ya Kusimama Kwenye Ahadi za Mungu

Andiko Muhimu:

- **2 Petro 1:4:** *"Kwa hayo ametukirimia ahadi kubwa mno, za thamani; ili kwamba kwa hizo mpate kuwa washirika wa tabia ya uungu, mkiokolewa na uharibifu uliomo duniani kwa sababu ya tamaa."*

Maombi:

"Baba wa mbinguni, ninashikilia ahadi zako ambazo ni za thamani na zenye nguvu. Ninaamini kwamba kupitia ahadi zako, familia yangu inaweza kushiriki katika asili ya kiungu na kuishi maisha ya ushindi. Ninaomba kwamba tuweze kusimama imara katika imani, tukijua kwamba Neno lako halitawahi kurudi bure. Asante kwa kutubariki na ahadi zako za milele. Amina."

Maombi haya ni mwongozo wa jinsi tunaweza kushirikiana na Mungu kuvunja laana za vizazi na kuanzisha urithi wa kiungu. Kama **2 Wakorintho 5:17** inavyosema: *"Hata imekuwa mtu akiwa ndani ya Kristo amekuwa kiumbe kipya; ya kale yamepita; tazama, yamekuwa mapya."* Mungu anatuita kuishi maisha mapya yenye uhuru, baraka, na amani kupitia nguvu zake zisizo na kikomo.

SURA YA 10

Jukumu la Jamii Katika Kuvunja Ngome

Ngome za kiroho mara nyingi ni ngumu kuvunja peke yetu. Biblia inaonyesha kwamba jamii ya waumini ni muhimu kwa msaada, uwajibikaji, na kujengana kiroho. Muumini anaposhirikiana na wengine katika safari ya kiroho, hupata msaada wa kuvunja vizuizi vya kiroho na kufikia ukomavu wa kiroho. Katika sura hii, tutachunguza jukumu la jamii katika kuvunja ngome, tukichota msingi kutoka maandiko matakatifu.

1. Umuhimu wa Uwajibikaji na Ushirika

Jamii ya waumini hutoa mazingira ambapo uwajibikaji na ushirika huimarisha imani. Kwa kushirikiana, waumini wanaweza kusaidiana, kushirikiana mizigo, na kuimarishana dhidi ya changamoto za kiroho.

Andiko Muhimu:

- **Waebrania 10:24-25:**
- *"Tujitahidi kushughulikiana katika kuhamasisha upendo na matendo mema. Wala tusiache kukusanyika pamoja, kama ilivyo desturi ya wengine, bali tuonyane; na zaidi sana kwa kuwa mwona siku ile inakaribia."*

Uwajibikaji wa pamoja hutoa nafasi ya kushirikiana kwa uwazi, kujifunza, na kuimarishana katika imani.

---

2. Msingi wa Kimaandiko wa Jamii

a) Uumbaji na Jamii

Kutoka mwanzo wa uumbaji, Mungu alithibitisha umuhimu wa jamii.

- **Mwanzo 2:18:** *"Si vema mtu huyu awe peke yake, nitamfanyia msaidizi wa kufanana naye."* Hii inaonyesha kuwa watu wameumbwa kwa asili ya kuhitaji ushirika wa wengine.

b) Mfano wa Kanisa la Kwanza

Kanisa la kwanza lilionyesha mfano bora wa jamii ya kiroho.

- **Matendo 2:42-47:** *"Nao waliendelea kwa bidii katika mafundisho ya mitume, na katika ushirika, na katika kumega mkate, na katika kusali. Kila mtu akashikwa na hofu; na ishara nyingi na maajabu yakafanywa na mitume."* Kanisa la kwanza lilijengwa juu ya mshikamano, maombi ya pamoja, na kuwajibika kwa kila mmoja.

---

3. Kuhimizana na Kujengana

Jamii ya waumini hutoa nafasi ya kuhamasishana na kuhimizana ili kuendeleza upendo na matendo mema.

- **1 Wathesalonike 5:11:** *"Kwa hiyo, farijianeni na kujengana, kama vile mnavyofanya."*

Vitendo vya Kivitendo:

1. Shiriki maombi ya pamoja na waumini wengine.
2. Tafuta msaada wa kiroho unapokumbana na changamoto.
3. Tumia maneno ya faraja na hamasa kwa wale walio na mizigo mizito.

---

4. Kubeba Mizigo ya Wengine

Jamii ya waumini pia inahusisha kubeba mizigo ya kiroho, kihisia, na kimwili ya wengine. Hii inaonyesha upendo wa Kristo na mshikamano wa kiroho.

- **Wagalatia 6:1-2:**
- *"Ndugu zangu, mtu akipatwa na kosa lolote, ninyi mlio wa Roho mwamrekebishe mtu wa namna hiyo kwa roho ya upole; ukijitunza nafsi yako usije ukajaribiwa wewe mwenyewe. Mchukuliane mizigo yenu, na kuitimiza hivyo sheria ya Kristo."*

Vitendo vya Kivitendo:

1. Saidia wengine kwa maombi unapogundua wanapambana na ngome.
2. Toa msaada wa kimwili au kihisia kwa wale wanaohitaji.
3. Simama kama ndugu wa kweli kwa kuwahimiza walioanguka kuamka tena.

---

5. Mfano wa "Chuma Hunoa Chuma"

Methali inaeleza umuhimu wa mahusiano ya kiroho yenye kuimarisha, ambayo husaidia waumini kuwa bora zaidi.

- **Methali 27:17:**

"Kama chuma kinavyochonga chuma, ndivyo mtu anavyochonga uso wa rafiki yake."

Jamii yenye uwazi na uaminifu inatoa nafasi ya kurekebishana kwa upendo na kusaidiana kufanikisha ushindi dhidi ya changamoto.

Vitendo vya Kivitendo:

1. Kuwa na rafiki wa kiroho ambaye anaweza kukusaidia kushughulikia ngome zako.
2. Pokea marekebisho kwa upendo unapokosolewa.
3. Rekebisha wengine kwa hekima na upole unapogundua wana hitaji msaada.

---

6. Hatua za Kuvuna Manufaa ya Jamii ya Kiroho

a) Jiunge na Kikundi Kidogo

Kikundi kidogo cha waumini hutoa nafasi ya kujifunza, kushirikiana, na kusaidiana.

b) Endelea na Mikutano ya Kawaida

Kukusanyika mara kwa mara husaidia kujenga uhusiano thabiti wa kiroho.

c) Omba na Wengine

Maombi ya pamoja yana nguvu kubwa.

- **Mathayo 18:20:** *"Kwa maana walipo wawili watatu wamekusanyika kwa jina langu, hapo nipo katikati yao."*

d) Jifunze Kushirikiana kwa Uwazi

Uwajibikaji unahitaji uwazi. Shiriki changamoto zako na waumini wengine unaowaamini.

Jamii ya waumini ni zawadi kutoka kwa Mungu iliyoundwa kusaidia kuvunja ngome za kiroho kwa kuwajibika, kuhimizana, na kushirikiana katika safari ya kiroho. Kama **Waebrania 10:24-25** inavyosema, kushirikiana kwa upendo na matendo mema ni msingi wa ukuaji wa kiroho. Tunaweza kushinda ngome kwa msaada wa Mungu na usaidizi wa jumuiya ya waumini. Tushirikiane, tuhamasishane, na tuimarishe kila mmoja kwa upendo wa Kristo.

Mifano ya Kibiblia ya Waumini Wakisaidiana (Matendo 2:42-47)

"Walidumu katika mafundisho ya mitume, na katika ushirika, katika kumega mkate, na katika kusali. Kila mtu akajawa na hofu; na ishara nyingi na maajabu yakafanywa na mitume. Na wote walioamini walikuwa mahali pamoja, na kuwa na vitu vyote shirika; wakiuza mali zao, na vitu vyao walivyokuwa navyo, wakawagawia watu wote kama kila mtu alivyohitaji. Na siku zote kwa moyo mmoja walikuwa wakikaa ndani ya hekalu, wakimega mkate nyumba kwa nyumba, wakila chakula chao kwa furaha na moyo mweupe, wakimsifu Mungu, wakiwapendeza watu wote. Bwana akalizidisha kanisa kila siku kwa wale waliokuwa wakiokolewa." – Matendo 2:42-47

Moja ya njia muhimu za kukua kiroho ni kupitia ushirika na waumini wenzetu. Hatutaweza kupenda na kumjua Mungu kikamilifu peke yetu. Ushirika kati ya waumini hutupa msaada wa kiroho na hutufanya tuwe imara zaidi katika imani. Hakuna mtu aliyeumbwa kuwa kisiwa; tumebarikiwa kuwa sehemu ya mwili wa Kristo, na kwa kushirikiana, tunaweza kushinda changamoto za kiroho na kuimarishana katika imani.

Matendo ya Mitume 2:42-47 ni kielelezo cha jamii ya kanisa la kwanza ambalo lilijengwa kwa msingi wa upendo, mshikamano, na msaada wa kiroho. Katika sura hii, tutachunguza jinsi waumini wa kanisa la kwanza walivyosaidiana na kujifunza jinsi tunavyoweza kuiga mfano huo leo.

1. Kujitolea kwa Ushirika na Maombi

Kanisa la kwanza lilijitolea kwa mafundisho ya mitume, ushirika, na maombi. Walikusanyika pamoja mara kwa mara kusoma Neno la Mungu na kusali.

Andiko Muhimu:

- **Matendo 2:42:** *"Walidumu katika mafundisho ya mitume, na katika ushirika, katika kumega mkate, na katika kusali."*

Katika jamii hii, kila mtu alihimizwa kumtafuta Mungu kwa bidii, na kwa pamoja walijifunza jinsi ya kumtumikia kwa upendo na uaminifu. Ushirika huu uliwasaidia kuimarishana na kushirikiana katika changamoto za maisha.

Mafunzo ya Kivitendo:

1. Shiriki mara kwa mara katika vikundi vya maombi au masomo ya Biblia.
2. Omba pamoja na waumini wenzako kwa mahitaji yao na changamoto zao.

2. Mshikamano na Kushirikiana Rasilimali

Kanisa la kwanza lilihakikisha kwamba hakuna mtu aliyekosa mahitaji ya msingi. Walishirikiana mali zao ili kusaidia wenye uhitaji.

Andiko Muhimu:

- **Matendo 2:44-45:** *"Na wote walioamini walikuwa mahali pamoja, na kuwa na vitu vyote shirika; wakiuza mali zao, na vitu vyao walivyokuwa navyo, wakawagawia watu wote kama kila mtu alivyohitaji."*

Hii inaonyesha kwamba upendo wa Kristo uliwaongoza kushirikiana kwa moyo safi na kuhakikisha kila mtu alihisi kuwa sehemu ya familia ya kiroho.

Mafunzo ya Kivitendo:

1. Jitolee kusaidia wale walio na mahitaji maalum ndani ya kanisa lako.
2. Shirikiana na waumini katika miradi ya kijamii ili kuonyesha upendo wa Kristo kwa wale walio nje ya kanisa.

---

3. Kufurahia Ushirika wa Kila Siku

Waumini wa kanisa la kwanza walikuwa na mshikamano wa kipekee. Walikusanyika kila siku, wakamega mkate pamoja, na kumshukuru Mungu kwa furaha.

Andiko Muhimu:

- **Matendo 2:46:** *"Na siku zote kwa moyo mmoja walikuwa wakikaa ndani ya hekalu, wakimega mkate nyumba kwa nyumba, wakila chakula chao kwa furaha na moyo mweupe."*

Hawakuhitaji mikusanyiko mikubwa au sherehe za kifahari. Badala yake, walijenga uhusiano wa kina kwa kupitia ushirika wa kawaida, kama vile kula pamoja na kushirikiana maisha yao.

Mafunzo ya Kivitendo:

1. Shiriki milo na waumini wengine kwa kushirikiana maisha ya kila siku.
2. Jitahidi kufurahia wakati wa kipekee wa ushirika na moyo wa shukrani.

---

4. Kusifu Mungu kwa Pamoja

Kanisa la kwanza lilimsifu Mungu kwa pamoja, na kwa njia hiyo, walivutia watu wengine kwa furaha yao na uaminifu wao.

Andiko Muhimu:

- **Matendo 2:47:** *"Wakimsifu Mungu, wakiwapendeza watu wote. Bwana akalizidisha kanisa kila siku kwa wale waliokuwa wakiokolewa."*

Sifa zao za pamoja zilionyesha uzuri wa kuwa sehemu ya mwili wa Kristo. Ushuhuda wao wa umoja uliwavuta wasioamini kwa Kristo.

Mafunzo ya Kivitendo:

1. Shiriki ibada za pamoja na waumini wenzako, ukimshukuru Mungu kwa neema zake.
2. Tumieni wakati wa ibada kama fursa ya kushuhudia wengine upendo wa Mungu.

---

5. Umuhimu wa Jamii katika Kukua Kiroho

a) Kusaidiana Kukua Kiroho

Ushirika wa waumini huwasaidia watu kuwa imara katika imani. Hakuna mtu anayeweza kukua kiroho akiwa peke yake; tunahitaji msaada wa wengine ili kufanikisha ukuaji wa kiroho.

- **Methali 27:17:** *"Kama chuma kinavyochonga chuma, ndivyo mtu anavyochonga uso wa rafiki yake."*

b) Kushirikiana Mizigo

Kanisa la kwanza lilihakikisha kwamba kila mtu alipata msaada wa kiroho na kihisia.

- **Wagalatia 6:2:** *"Mchukuliane mizigo yenu, na kuitimiza hivyo sheria ya Kristo."*

---

6. Kuwa Ushuhuda kwa Wengine

Jamii ya waumini hutoa ushuhuda kwa wasioamini. Wakati watu wanaposhuhudia upendo wa Kikristo na mshikamano wa kweli, wanavutiwa na uzuri wa Kristo.

Andiko Muhimu:

- **Yohana 13:35:** *"Kwa hili watu wote watatambua kwamba ninyi mmekuwa wanafunzi wangu, mkiwapenda ninyi kwa ninyi."*

Mfano wa kanisa la kwanza katika Matendo 2:42-47 unatufundisha umuhimu wa ushirika wa Kikristo. Kupitia mshikamano, maombi, na usaidizi wa kiroho, waumini wanaweza kushinda changamoto za kiroho na kukua imani yao. Kama kanisa la kwanza, tumeitwa kuishi maisha ya mshikamano, kusaidiana, na kumshuhudia Kristo kwa ulimwengu. Tunapokuwa jamii ya kiroho yenye mshikamano, Bwana ataendelea kuzidisha watu wake kila siku.

Jinsi ya Kujenga Mtandao wa Msaada kwa Ukuaji wa Kiroho

Ukuaji wa kiroho ni safari ambayo mara nyingi inahitaji msaada wa wengine. Jamii ya waumini ni sehemu muhimu ya kusaidiana, kujifunza, na kuimarisha imani yetu kwa Mungu. Kujenga mtandao wa msaada kwa ukuaji wa kiroho kunatoa nafasi ya kuimarisha ushuhuda wa Kikristo, kuongeza hekima ya kiroho, na kuvunja ngome za kiroho. Katika sura hii, tutaeleza hatua za kivitendo za kujenga mtandao wa msaada wa kiroho na jinsi ya kugundua jamii inayolingana na roho yako.

1. Kuunda Mazingira Salama na Wazi

Ili mtandao wa msaada uwe na manufaa, ni muhimu kuhakikisha kwamba kila mtu anahisi salama kushiriki mawazo, changamoto, na maombi yao bila kuhukumiwa. Mazingira ya uwazi huchochea mazungumzo ya kweli na kujenga uaminifu.

Vitendo vya Kivitendo:

- Wahimize washiriki wa kundi kuonyesha heshima na uvumilivu kwa wengine.
- Kuanzisha miongozo ya kikundi ili kuweka wazi kwamba kila mazungumzo yatakuwa ya siri na huru na hukumu.

Andiko Muhimu:

- **Yakobo 5:16:** *"Ungameni dhambi zenu ninyi kwa ninyi, na kuombeana, mpate kuponywa. Maombi ya mwenye haki yana nguvu nyingi, ya kazi."*

---

2. Kuongeza Mifumo ya Ibada Tofauti

Mtandao mzuri wa msaada unapaswa kujumuisha aina mbalimbali za mazoea ya kiroho ili kusaidia kila mshiriki kukua kwa njia ya kipekee.

Mfano wa Mazoea ya Kiungu:

1. Sala za pamoja.
2. Kusoma na kutafakari maandiko.
3. Nyimbo za sifa na kuabudu.
4. Mazungumzo ya kina kuhusu mada za kiroho.

Andiko Muhimu:

- **Zaburi 119:105:** *"Neno lako ni taa ya miguu yangu, na mwanga wa njia yangu."*

---

3. Kukuza Mazungumzo Yenye Maana

Mazungumzo yenye maana huchochea fikra za kiroho na huimarisha imani. Washiriki wanapojadili changamoto za kiroho na jinsi ya kuzitatua, kila mtu anapata nafasi ya kujifunza na kukua.

Vitendo vya Kivitendo:

- Ratibu mijadala kuhusu maandiko fulani au mada za kiroho.
- Wahimize washiriki kuuliza maswali na kushiriki mawazo yao.

Andiko Muhimu:

- **Methali 27:17:** *"Kama chuma kinavyochonga chuma, ndivyo mtu anavyochonga uso wa rafiki yake."*

---

4. Kushiriki Katika Miradi ya Huduma

Kushirikiana katika miradi ya huduma huimarisha mtandao wa msaada na hutusaidia kuonyesha upendo wa Kristo kwa vitendo.

Mfano wa Miradi ya Huduma:

1. Kutembelea wagonjwa au waliofungwa.
2. Kuwasaidia wahitaji kwa chakula au mavazi.
3. Kushiriki injili katika jamii.

Andiko Muhimu:

- **Wagalatia 6:2:** *"Mchukuliane mizigo yenu, na kuitimiza hivyo sheria ya Kristo."*

---

5. Kuanzisha Vikundi vya Mafunzo ya Biblia

Vikundi vya masomo ya Biblia vinatoa nafasi ya kushirikiana katika kujifunza Neno la Mungu, kusuluhisha changamoto za kiroho, na kuimarisha imani ya kila mmoja.

Vitendo vya Kivitendo:

- Unda kikundi kidogo cha masomo ya Biblia kinachokutana mara kwa mara.
- Chagua mada au vitabu vya Biblia vya kujadili kila wiki.

Andiko Muhimu:

- **2 Timotheo 3:16-17:** *"Kila andiko, lenye pumzi ya Mungu, lafaa kwa mafundisho, na kwa kuwaonya watu makosa yao, na kuwaongoza, na kwa kuwaadabisha katika haki; ili mtu wa Mungu awe kamili, amekamilishwa apate kutenda kila tendo jema."*

---

6. Kuandaa Warsha au Siku za Kiroho

Siku maalum za kiroho au warsha hutoa nafasi ya kujifunza kwa kina, maombi, na kuimarisha uhusiano kati ya waumini.

Vitendo vya Kivitendo:

- Panga siku za kujitenga kwa ajili ya maombi na tafakari.
- Karibisha watoa mafundisho ya kiroho kwa ajili ya mafunzo maalum.

Andiko Muhimu:

- **Marko 6:31:** *"Akawaambia, Njoni ninyi peke yenu mahali pa faragha, mkapumzike kidogo."*

---

7. Kusherehekea Maendeleo Pamoja

Kusherehekea hatua za kiroho hutoa faraja na motisha kwa waumini kuendelea kukua. Hii pia huonyesha neema na uaminifu wa Mungu katika maisha ya kila mshiriki.

Vitendo vya Kivitendo:

- Shiriki ushuhuda wa mafanikio ya kiroho ya washiriki.
- Panga sherehe za pamoja kushukuru Mungu kwa baraka zake.

Andiko Muhimu:

- **Zaburi 118:24:** *"Hii ndiyo siku aliyoifanya Bwana; tutashangilia na kuifurahia."*

---

8. Hatua za Kugundua Jamii Inayolingana na Roho Yako

Kabla ya kujiunga na mtandao wa msaada wa kiroho, ni muhimu kugundua jamii inayokubaliana na maadili na malengo yako ya kiroho.

Vitendo vya Kivitendo:

1. **Omba Mwongozo wa Mungu:** Mwombe Mungu akuonyeshe jamii inayofaa.
2. **Tafuta Ushauri:** Uliza viongozi wa kiroho au marafiki waaminifu wakuongoze kwa vikundi vinavyolingana na imani yako.

3. **Jihusishe na Mikutano:** Hudhuria mikutano ya makanisa au vikundi mbalimbali na uchague ile unayohisi inaendana na roho yako.

Kujenga mtandao wa msaada kwa ukuaji wa kiroho ni muhimu kwa safari ya Kikristo. Kupitia ushirika, maombi, na kushirikiana, waumini wanaweza kuimarishana na kukua pamoja katika imani. Kama **Waebrania 10:24-25** inavyosema: *"Tujitahidi kushughulikiana katika kuhamasisha upendo na matendo mema. Wala tusiache kukusanyika pamoja."* Mungu ametuita kuwa sehemu ya mwili wa Kristo, ambapo kila mmoja wetu ana jukumu la kusaidia na kujenga mwingine kwa upendo wa kiungu.

Andiko Muhimu: Mhubiri 4:9-10 – "Wawili ni bora kuliko mmoja..."

"Wawili ni afadhali kuliko mmoja; kwa kuwa wao wana thawabu njema kwa kazi yao. Kwa maana waangukapo, mmoja atamwinua mwenziwe; lakini ole wake aliye peke yake aangukapo, wala hana mwingine wa kumwinua." – Mhubiri 4:9-10

Andiko hili linaonyesha thamani ya ushirikiano na msaada wa kiroho kati ya waumini. Mungu hakutuumba tuishi maisha ya upweke, bali kama washirika wa kiroho tunaohimizana, kusaidiana, na kuimarishana katika imani. Katika maisha ya Kikristo, changamoto za kiroho, majaribu, na safari za imani mara nyingi zinahitaji msaada wa wengine ili kufanikisha ukuaji wa kiroho na kudumu katika njia ya Mungu.

Sura hii itachunguza maana ya kifungu hiki, umuhimu wa ushirika wa Kikristo, na jinsi tunavyoweza kuimarishana katika safari yetu ya kiroho.

1. Maana ya "Wawili ni Bora Kuliko Mmoja"

a) Ushirikiano Unazalisha Matunda Mema

Andiko linasema, *"Wawili ni bora kuliko mmoja; kwa kuwa wao wana thawabu njema kwa kazi yao."* Hii inaonyesha kwamba ushirikiano na mshikamano huongeza uzalishaji na matokeo mazuri katika juhudi za pamoja, iwe ni kiroho, kihisia, au hata kihisia.

b) Kusaidiana Katika Udhaifu

Sehemu ya pili ya andiko inasema, *"Kwa maana waangukapo, mmoja atamwinua mwenziwe."* Katika maisha, tunaweza kuanguka kimwili, kihisia, au kiroho, na mshirika wa kiroho anaweza kututia moyo na kutuinua.

c) Hatari ya Kuwa Peke Yako

Andiko linamalizia na tahadhari: *"Ole wake aliye peke yake aangukapo, wala hana mwingine wa kumwinua."* Hii inasisitiza kwamba maisha ya upweke ni magumu, hasa katika safari ya kiroho ambapo changamoto ni nyingi.

---

2. Umuhimu wa Ushirika wa Kikristo

Katika maisha ya Kikristo, mshirika wa kiroho ni muhimu kwa sababu husaidia:

1. **Kuimarisha Imani:** Waumini hufundishana na kujengana katika Neno la Mungu.
2. **Kushirikiana Mizigo:** Waumini huchukuliana mizigo yao, kama ilivyoandikwa katika **Wagalatia 6:2**: *"Mchukuliane mizigo yenu, na kuitimiza hivyo sheria ya Kristo."*
3. **Kukemeana kwa Upendo:** Mshirika mzuri husaidia kurekebisha kwa upendo wakati mwingine anapopotoka.

Mfano wa Kimaandiko:

- **Musa na Hur pamoja na Aroni:** Katika **Kutoka 17:12**, Aroni na Hur walisaidia mikono ya Musa ilipochoka wakati wa vita, na ushindi wa Israeli ulitegemea msaada wao wa pamoja.

---

3. Jinsi ya Kutumia Mhubiri 4:9-10 Kiroho

a) Jenga Mahusiano ya Kiroho

- Tafuta rafiki wa kiroho ambaye anaweza kuwa mshirika wako wa sala, kujifunza Biblia, na kushirikiana katika changamoto za kiroho.
- Hakikisha mahusiano hayo yanajengwa juu ya Neno la Mungu na maadili ya Kikristo.

b) Shiriki Mizigo ya Kiroho

- Wakati unapokutana na changamoto za kiroho, usiogope kushiriki na mshirika wako wa kiroho.

c) Kuwa Tayari Kusaidia Wengine

- Jiwekee lengo la kuwa baraka kwa wengine kwa kuwainua wanapokumbana na changamoto.

Andiko Muhimu:

- **Yakobo 5:16:** *"Ungameni dhambi zenu ninyi kwa ninyi, na kuombeana, mpate kuponywa."*

---

4. Mifano ya Kibiblia ya Wawili Wakisaidiana

a) Daudi na Yonathani

Yonathani alimsaidia Daudi wakati wa changamoto zake kubwa, akimlinda dhidi ya Sauli. Ushirika wao ulikuwa mfano wa upendo wa kweli wa kiroho.

- **1 Samweli 18:1:** *"Nafsi ya Yonathani ikaambatana na nafsi ya Daudi, naye Yonathani akampenda kama nafsi yake mwenyewe."*

b) Paulo na Timotheo

Paulo alichukua jukumu la kumlea kiroho Timotheo, akimfundisha na kumtia moyo katika kazi ya Bwana.

- **2 Timotheo 2:2:** *"Na mambo yale uliyosikia kwangu mbele ya mashahidi wengi, hayo uwakabidhi watu waaminifu, watakaokuwa na uwezo wa kuwafundisha na wengine."*

5. Hatua za Kujenga Ushirika Imara wa Kiroho

a) Omba Mwongozo wa Mungu

Omba ili Mungu akuonyeshe watu sahihi wa kushirikiana nao katika safari ya kiroho.

b) Jiunge na Jamii ya Kikristo

Hudhuria makanisa, vikundi vya maombi, au vikundi vya kujifunza Biblia ambavyo vinakusaidia kukuza imani yako.

c) Kuwa na Uwazi na Ukweli

Jenga uhusiano wa kiroho kwa uwazi, ukishirikiana changamoto na ushindi wako.

d) Endelea Kuwa Mwaminifu

Ushirika mzuri unahitaji uaminifu wa pande zote.

---

6. Faida za Ushirika Kulingana na Mhubiri 4:9-10

1. **Kusaidiana:** Ushirika hutoa msaada wakati wa changamoto.
2. **Kuimarisha Imani:** Tunaposhirikiana, tunajifunza na kuimarisha imani zetu.
3. **Kushirikiana Baraka:** Tunapokuwa na mshikamano, tunapata thawabu za juhudi zetu za pamoja.

Mhubiri 4:9-10 inatufundisha kwamba mshirika wa kiroho ni zawadi kubwa kwa safari ya kiroho. Wawili wanaposhirikiana, wanapata nguvu za kushinda changamoto, kushirikiana mizigo, na kufanikisha mambo makubwa zaidi pamoja. Tunaweza kujifunza kutokana na mifano ya kibiblia kama Musa, Aroni, na Hur; Daudi na Yonathani; pamoja na Paulo na Timotheo.

Kama waumini, tuitumie hekima hii kwa kujenga ushirika wa kiroho unaotufanya kuwa imara zaidi katika imani na kuwa baraka kwa wengine. Kama ilivyoandikwa, *"Wawili ni afadhali kuliko mmoja,"* kwa kuwa Mungu ametupatia kila mmoja kuwa msaada wa mwingine katika safari ya maisha na imani.

SURA YA 11

Kubadilisha Ngome na Kimbilio la Mungu

Kumwelewa Mungu kama Ngome Yetu (Zaburi 9:9)

"Bwana atakuwa ngome ya mwenye kuonewa, ngome wakati wa taabu." – **Zaburi 9:9**

Katika maisha, ngome za kiroho mara nyingi hujengwa kutokana na hofu, dhambi, majeraha ya kihisia, au tabia zisizompendeza Mungu. Hata hivyo, Biblia inatufundisha kubadilisha ngome hizi zisizofaa kwa kimbilio la Mungu. Mungu ni ngome yetu salama, mwamba wetu wa ulinzi, na kimbilio letu wakati wa shida. Katika sura hii, tutachunguza jinsi ya kuachana na ngome zisizo za kiroho na kumfanya Mungu kuwa ngome yetu ya kweli.

1. Mungu Kama Ngome Yetu

Biblia mara nyingi inamwelezea Mungu kama ngome na kimbilio la waumini wake. Hii inaonyesha kwamba Mungu ni mlinzi wa kweli, mwenye uwezo wa kutukinga dhidi ya majaribu na changamoto za maisha.

Andiko Muhimu:

- **Zaburi 46:1:** *"Mungu kwetu sisi ni kimbilio na nguvu, msaada utakaoonekana tele wakati wa mateso."*

Mungu hutoa ulinzi wa kiroho, amani ya ndani, na tumaini la kudumu hata tunapokabiliana na majaribu makubwa.

---

2. Kubadilisha Ngome za Uongo na Kimbilio la Mungu

Ngome za kiroho ambazo si za kiungu zinaweza kujengwa kutokana na:

1. Hofu inayotuzuia kumwamini Mungu.
2. Dhambi za kurudia ambazo hutufanya kuwa watumwa wa maovu.
3. Majeraha ya kihisia ambayo hutuacha na machungu au kukata tamaa.

Kubadilisha ngome hizi kunahitaji kumkabidhi Mungu kila sehemu ya maisha yetu na kumtegemea kama kimbilio letu.

Andiko Muhimu:

- **2 Samweli 22:2-3:** *"Bwana ni mwamba wangu, ngome yangu, na mwokozi wangu; Mungu wangu, jabali langu nitakalemewa kwake, ngao yangu, pembe ya wokovu wangu, mnara wangu wa nguvu, kimbilio langu."*

Hatua za Kubadilisha Ngome:

1. **Tambua Ngome Zisizofaa:** Angalia maeneo ya maisha yako ambapo umetegemea vitu au tabia badala ya Mungu.

2. **Tubu na Kukiri:** Kiri mbele za Mungu kwamba umekuwa ukiweka tumaini lako katika vitu visivyompendeza.

3. **Weka Tumaini kwa Mungu:** Mkabidhi Mungu maisha yako na kumruhusu kuwa kimbilio lako la kweli.

---

3. Faida za Kuweka Mungu Kama Ngome

a) Ulinzi wa Kiroho

Mungu hutulinda dhidi ya mashambulizi ya kiroho.

- **Waefeso 6:11:** *"Vaeni silaha zote za Mungu, mpate kuweza kuzipinga hila za Shetani."*

b) Amani ya Ndani

Mungu hutoa amani ambayo inapita akili zote, hata tunapokabiliana na changamoto.

- **Wafilipi 4:7:** *"Na amani ya Mungu, ipitayo akili zote, itawahifadhi mioyo yenu na nia zenu katika Kristo Yesu."*

c) Tumaini la Milele

Kumweka Mungu kama ngome yetu hutupa tumaini la milele ambalo haliteteraki.

- **Warumi 8:38-39:** *"Kwa maana nimekwisha kujua hakika ya kwamba wala mauti, wala uzima... wala chochote kilichoumbwa hakitaweza kututenga na upendo wa Mungu, ulio katika Kristo Yesu Bwana wetu."*

---

4. Kuweka Mungu Kuwa Ngome Katika Maisha ya Kila Siku

a) Tafakari Maandiko

Soma na kutafakari maandiko yanayokuhimiza kumtegemea Mungu kama ngome.

- **Zaburi 91:2:** *"Nitamwambia Bwana, Wewe u kimbilio langu na ngome yangu, Mungu wangu nitakayemtumaini."*

b) Omba kwa Uaminifu

Omba kwa kumwomba Mungu awe ngome yako ya kila siku.

- **Mathayo 7:7:** *"Ombeni, nanyi mtapewa; tafuteni, nanyi mtaona; bisheni, nanyi mtafunguliwa."*

c) Shiriki na Jamii ya Waumini

Jiunge na waumini wenzako ili kuimarishana kiroho na kumkumbatia Mungu kama ngome ya pamoja.

- **Waebrania 10:24-25:** *"Tujitahidi kushughulikiana katika kuhamasisha upendo na matendo mema. Wala tusiache kukusanyika pamoja."*

---

5. Mifano ya Kibiblia ya Mungu Kama Ngome

a) Musa na Bahari ya Shamu

Musa alimtegemea Mungu kama ngome yao walipokabiliana na majeshi ya Farao. Mungu aligawanya Bahari ya Shamu, akiwapa Waisraeli njia ya kupita.

- **Kutoka 14:14:** *"Bwana atawapigania, nanyi mtakuwa kimya."*

b) Daudi Alipotafuta Kimbilio

Daudi alikimbilia Mungu kama ngome yake alipokuwa akikimbia maadui zake.

- **Zaburi 18:2:** *"Bwana ni jabali langu, ngome yangu, na mwokozi wangu."*

c) Yesu Katika Bustani ya Gethsemane

Yesu alimlilia Baba yake wakati wa maumivu makali, akionyesha kwamba Mungu alikuwa kimbilio lake.

- **Luka 22:42:** *"Baba, ikiwa ni mapenzi yako uniondolee kikombe hiki; walakini si mapenzi yangu, bali yako yatendeke."*

---

6. Kufanya Mungu Kuwa Ngome Katika Nyakati za Shida

1. **Omba Mara kwa Mara:** Wakati wa shida, mgeukie Mungu kwa sala na tafakari.
2. **Kumbuka Ahadi za Mungu:** Shika ahadi zake na jua kuwa yuko pamoja nawe kila wakati.
3. **Sifu Mungu Katika Changamoto:** Kusifu hutufanya kutambua ukuu wa Mungu na kutusaidia kumtegemea.

Kubadilisha ngome zisizofaa na kimbilio la Mungu ni hatua ya imani inayotufanya kuwa huru kutokana na vizuizi vya kiroho. Mungu ni mwaminifu, mwenye nguvu, na ngome ya kweli kwa wote wanaomtafuta. Kama **Zaburi 9:9** inavyosema:

"Bwana atakuwa ngome ya mwenye kuonewa, ngome wakati wa taabu."

Kwa kumtegemea Mungu, tunaweza kuvunja minyororo ya hofu, dhambi, na majeraha, na badala yake, kuishi maisha ya ushindi na amani ndani ya kimbilio la nguvu la Mungu.

Kujenga Maisha Yaliyojikita Katika Ahadi za Mungu na Uwepo Wake

Kuhusu Maisha Yaliyojikita katika Ahadi za Mungu na Uwepo Wake

Kuishi maisha yaliyojikita katika ahadi za Mungu na uwepo wake kunahitaji kujitoa kikamilifu kwa imani, utiifu, na haki. Hii ni safari ya kiroho inayojumuisha kuamini ahadi za Mungu, kumtegemea katika kila hali, na kuwa na ufahamu wa daima wa uwepo wake. Katika sura hii, tutaeleza hatua za kivitendo na mafundisho ya kibiblia yanayoweza kusaidia waumini kujenga maisha yenye mizizi imara katika ahadi za Mungu na uwepo wake.

---

1. Kuishi Kama Warithi wa Ahadi za Mungu

Biblia inatufundisha kuwa sisi ni warithi wa ahadi za Mungu, kama ilivyokuwa kwa Ibrahimu na kizazi chake. Mungu alitoa ahadi za baraka, uzima wa milele, na msaada wake wa kila wakati kwa wale wanaomtegemea.

Andiko Muhimu:

- **Waebrania 6:12:** *"Msiwe wavivu, bali mfuate wale ambao kwa imani na uvumilivu hurithi ahadi."*

Warithi wa ahadi wanaitwa kuishi maisha ya uaminifu na utiifu, wakijua kwamba Mungu ni mwaminifu kutimiza ahadi zake.

---

2. Umuhimu wa Kuamini Ahadi za Mungu

Kuamini ahadi za Mungu ni msingi wa maisha ya Kikristo. Ahadi za Mungu ni za milele na haziyumbishwi na hali za maisha. Kuamini ahadi hizi hutufanya tuwe na matumaini hata katikati ya changamoto.

Andiko Muhimu:

- **2 Wakorintho 1:20:** *"Kwa maana ahadi zote za Mungu zilizopo katika yeye ni Ndiyo; kwa hiyo pia kwa yeye ni Amina, kwa Mungu apate kutukuzwa kwetu."*

Mafunzo ya Kivitendo:

1. Soma ahadi za Mungu zilizoko kwenye Biblia na zishike kwa moyo wako.
2. Tafakari ahadi hizi kila siku, hasa unapokutana na changamoto.
3. Weka imani yako katika Mungu, ukijua kwamba yeye ni mwaminifu kutimiza Neno lake.

---

3. Kumtegemea Mungu Katika Kila Hali

Kuishi maisha yaliyojikita katika ahadi za Mungu kunahitaji kumtegemea Mungu badala ya akili zetu au uwezo wetu. Tunapomtegemea, tunaruhusu uwepo wake kuwa chanzo cha nguvu na mwelekeo wetu.

Andiko Muhimu:

- **Mithali 3:5-6:** *"Mtumaini Bwana kwa moyo wako wote, wala usizitegemee akili zako mwenyewe. Katika njia zako zote mkiri yeye, naye atayanyoosha mapito yako."*

Mafunzo ya Kivitendo:

1. Omba kwa Mungu mwongozo kabla ya kufanya maamuzi makubwa.
2. Acha mawazo ya shaka na mashaka, na uyakabidhi kwa Mungu kwa sala.
3. Weka tumaini lako kwa Bwana hata unapokosa kuona suluhisho la haraka.

---

4. Utiifu kwa Maagizo ya Mungu

Utiifu kwa Neno la Mungu ni hatua muhimu ya kuimarisha maisha yako katika ahadi zake. Mungu anaahidi baraka kwa wale wanaofuata maagizo yake kwa uaminifu.

Andiko Muhimu:

- **Yohana 14:23:** *"Yesu akajibu, akamwambia, Mtu akinipenda, atalishika neno langu; na Baba yangu atampenda, nasi tutakuja kwake, na kufanya makao kwake."*

Mafunzo ya Kivitendo:

1. Soma Neno la Mungu kila siku na ulitafakari kwa kina.
2. Fuata maagizo ya Biblia katika maamuzi yako ya kila siku.
3. Pokea marekebisho na urekebishe njia zako unapopotoka.

---

5. Kumtambua Mungu katika Uwepo Wake

Kuishi maisha yaliyojikita katika uwepo wa Mungu kunamaanisha kumtambua Yeye kila wakati, popote ulipo. Mungu yuko nasi daima, na uwepo wake hutupa amani, furaha, na ulinzi.

Andiko Muhimu:

- **Zaburi 16:11:** *"Utanijulisha njia ya uzima; mbele za uso wako pana furaha tele; na katika mkono wako wa kuume mna raha milele."*

Mafunzo ya Kivitendo:

1. Tafakari uwepo wa Mungu kupitia sala na sifa.
2. Kuwa na moyo wa shukrani kwa uwepo wake kila siku.
3. Shiriki maisha yako na Mungu katika kila hali, hata zile ndogo.

---

6. Matokeo ya Maisha Yaliyojikita Katika Mungu

a) Amani ya Ndani

Kuishi katika ahadi za Mungu huleta amani isiyoyumbishwa hata katikati ya dhoruba.

- **Isaya 26:3:** *"Utamlinda yeye aliyemkazia mawazo yake katika amani kamilifu, kwa kuwa anakutumaini."*

b) Ushindi wa Kiroho

Tunapomweka Mungu kama msingi wa maisha yetu, tunaweza kushinda changamoto za kiroho.

- **Warumi 8:37:** *"Lakini katika mambo hayo yote tunashinda, na zaidi ya kushinda, kwa yeye aliyetupenda."*

c) Tumaini la Milele

Kuishi kwa mujibu wa ahadi za Mungu hutupa tumaini lisilotetereka kwa maisha ya milele.

- **Yohana 14:2-3:** *"Nyumbani mwa Baba yangu mna makao mengi... Naja niwakaribishe kwangu; ili nilipo mimi, nanyi muwepo."*

---

7. Hatua za Kivitendo za Kujenga Maisha Imara Katika Mungu

1. **Omba kwa Kila Suala:** Anza siku zako kwa sala na umtegemee Mungu kwa kila hali.
2. **Tafuta Maarifa ya Neno la Mungu:** Soma na utumie Biblia kama mwongozo wa maisha.
3. **Shirikiana na Waumini Wengine:** Jiunge na jamii ya waumini inayokuza ukuaji wako wa kiroho.
4. **Kumbuka Ahadi za Mungu:** Ziandike na uzitafakari kila wakati unapokutana na changamoto.

Kujenga maisha yaliyojikita katika ahadi za Mungu na uwepo wake kunahitaji imani, utiifu, na uaminifu wa kila siku. Mungu ametuahidi kuwa ngome yetu, kimbilio letu, na mlinzi wetu. Kama ilivyoandikwa katika **2 Petro 1:4:**

"Kwa hayo ametukirimia ahadi kubwa mno, za thamani; ili kwamba kwa hizo mpate kuwa washirika wa tabia ya uungu, mkiokolewa na uharibifu uliomo duniani kwa sababu ya tamaa."

Tuendelee kumtumaini Mungu, kushikilia ahadi zake, na kumruhusu awe sehemu ya kila kipengele cha maisha yetu, tukijua kwamba anatuongoza katika njia ya uzima na baraka za milele.

Njia za Kivitendo za Kumfanya Mungu Kimbilio Lako – Sala, Ibada, na Kuamini

Katika maisha yaliyojaa changamoto na majaribu, Mungu anaitwa kuwa kimbilio letu na nguvu yetu. Kumfanya

Mungu kuwa kimbilio letu si tu nadharia ya kiroho bali pia ni mtindo wa maisha unaohitaji juhudi za kila siku. Njia za kivitendo kama sala, ibada, na kuamini zinatufanya tuzidi kukua kiimani na kutufanya tujisikie salama katika uwepo wa Mungu. Katika sura hii, tutaelezea jinsi waumini wanavyoweza kumfanya Mungu kuwa kimbilio lao kupitia njia hizi za kivitendo.

---

1. Kujenga Uhusiano wa Kina na Mungu Kupitia Sala

Sala ni mawasiliano ya moja kwa moja kati ya mwamini na Mungu. Kupitia sala, tunamweleza Mungu mahitaji yetu, changamoto zetu, na pia tunampa shukrani kwa baraka zake. Sala ya mara kwa mara inaimarisha imani yetu na hutufanya tujisikie karibu na Mungu.

Andiko Muhimu:

- **Zaburi 46:1:** *"Mungu kwetu sisi ni kimbilio na nguvu, msaada utakaoonekana tele wakati wa mateso."*

Hatua za Kivitendo za Kufanya Sala Kuwa Sehemu ya Maisha:

1. **Panga Wakati wa Kila Siku wa Sala:** Chagua muda maalum wa kuomba kila siku, iwe asubuhi, mchana, au jioni.
2. **Omba kwa Uaminifu:** Mweleze Mungu changamoto zako na mshukuru kwa baraka zake.
3. **Tafakari Maneno ya Maombi:** Tambua uwepo wa Mungu unapoombea maisha yako na maisha ya wengine.

Andiko Muhimu la Kuhimiza Sala:

- **Wafilipi 4:6-7:** *"Msijisumbue kwa neno lolote; bali katika kila neno kwa kusali na kuomba, pamoja na kushukuru, haja zenu na zijulikane na Mungu. Na amani ya Mungu, ipitayo akili zote, itawahifadhi mioyo yenu na nia zenu katika Kristo Yesu."*

---

2. Kumuabudu Mungu Kama Kimbilio

Ibada ni tendo la heshima na sifa kwa Mungu, ambalo linatufanya tuwe karibu zaidi na uwepo wake. Tunapomuabudu Mungu, tunaweka mawazo yetu kwake, na kutambua ukuu wake na uaminifu wake.

Andiko Muhimu:

- **Zaburi 95:6-7:** *"Njoni, tuabudu na kumsujudia, tupige magoti mbele za Bwana aliyetuumba. Kwa kuwa Yeye ndiye Mungu wetu, nasi tu watu wa malisho yake, na kondoo wa mkono wake."*

Njia za Kivitendo za Kuabudu:

1. **Sifu Mungu Katika Nyimbo:** Imba nyimbo za sifa na ibada zinazotambua uaminifu wa Mungu.
2. **Kusifu Katika Changamoto:** Hata unapopitia magumu, endelea kumsifu Mungu kwa wema wake.
3. **Tumia Biblia Katika Ibada:** Soma maandiko yanayohimiza ibada na yatangaze kwa sauti.

Mifano ya Kimaandiko:

- **Paulo na Sila:** Walimuabudu Mungu katika gereza, na ibada yao ilileta ukombozi wa miujiza.
- **Matendo 16:25:** *"Lakini panapo usiku wa manane Paulo na Sila walikuwa wakiomba na kumuimbia Mungu nyimbo za sifa; na wafungwa waliwasikia."*

---

3. Kuamini Mungu Katika Kila Hali

Kuamini ni tendo la kumkabidhi Mungu maisha yako kikamilifu, ukijua kwamba atakutunza na kukuelekeza kwa mapenzi yake mema. Kuamini ni msingi wa kumfanya Mungu kuwa kimbilio letu.

Andiko Muhimu:

- **Mithali 3:5-6:** *"Mtumaini Bwana kwa moyo wako wote, wala usizitegemee akili zako mwenyewe.*

Katika njia zako zote mkiri yeye, naye atayanyoosha mapito yako."

Hatua za Kivitendo za Kuonyesha Imani kwa Mungu:

1. **Kumbuka Ushuhuda wa Zamani:** Tambua matukio ya nyuma ambapo Mungu alikusaidia kushinda changamoto zako.
2. **Jiamini Katika Ahadi za Mungu:** Soma na shikilia ahadi za Mungu zilizo kwenye maandiko.
3. **Jisalimishe Kikamilifu kwa Mungu:** Kabidhi changamoto zako zote kwa Mungu kwa sala na uaminifu.

Mfano wa Kimaandiko:

- **Ayubu:** Alimwamini Mungu hata alipokuwa akipitia mateso makali, akijua kwamba Mungu bado ana mpango mzuri kwa maisha yake.
- **Ayubu 13:15:** *"Tazama, hata akinichinja, nitamtumaini."*

---

4. Kukumbuka Mambo Mungu Ametenda

Mara nyingi, tunapokumbuka uaminifu wa Mungu katika maisha yetu, tunapata nguvu ya kumtegemea zaidi. Kumbukumbu za baraka na ushindi wa zamani hututia moyo wakati wa changamoto.

Andiko Muhimu:

- **Zaburi 77:11-12:** *"Nitayakumbuka matendo ya Bwana; naam, nitayakumbuka maajabu yako ya kale. Nitayatafakari kazi zote ulizozifanya, nitaziwaza sana matendo yako."*

Hatua za Kivitendo:

1. **Andika Baraka Zako:** Shika daftari la kumbukumbu na andika jinsi Mungu amekusaidia hapo awali.
2. **Shirikisha Ushuhuda Wako:** Waambie wengine jinsi Mungu amekuwa msaada wako, kuwahimiza waamini.

---

5. Kushirikiana Mizigo na Jamii ya Imani

Jumuia ya waumini ni sehemu muhimu ya kupata msaada wa kiroho. Tunaposhirikiana changamoto zetu na wengine, tunapata nguvu ya kiroho na maombi ya pamoja yanayoweza kutuimarisha.

Andiko Muhimu:

- **Wagalatia 6:2:** *"Mchukuliane mizigo yenu, na kuitimiza hivyo sheria ya Kristo."*

Hatua za Kivitendo:

1. Jiunge na kikundi cha maombi au masomo ya Biblia.
2. Omba msaada wa kiroho unapokutana na changamoto.
3. Saidia wengine kushughulikia changamoto zao kwa maombi na faraja.

Kumfanya Mungu kuwa kimbilio letu kunahitaji kujitoa kwa sala, ibada, na imani ya dhati. Kama **Zaburi 91:2** inavyosema:

"Nitamwambia Bwana, Wewe u kimbilio langu na ngome yangu, Mungu wangu nitakayemtumaini."

Tunapojenga uhusiano wa kina na Mungu, kuishi kwa imani, na kumshirikisha kila sehemu ya maisha yetu, tunakuwa imara zaidi kiroho na tunapata amani na nguvu ambazo hutoka kwa Mungu pekee. Mungu ni kimbilio letu la kweli na nguvu yetu katika nyakati zote za maisha.

Ushuhuda wa Mabadiliko Kupitia Nguvu za Mungu

Nguvu za Mungu zina uwezo wa kubadilisha maisha ya mtu yeyote, hata wale waliokuwa na maamuzi mabaya, dhambi, au mateso makubwa. Biblia imejaa ushuhuda wa mabadiliko ya kiroho, kihisia, na kimwili yaliyotokana na nguvu za Mungu. Katika sura hii, tutachunguza baadhi ya ushuhuda wa kibiblia unaoonyesha jinsi nguvu za Mungu zilivyobadilisha maisha ya watu na kuwapa matumaini, uponyaji, na mwelekeo mpya.

---

1. Uongofu wa Paulo (Matendo 9:1-19)

Paulo, ambaye awali aliitwa Sauli, alikuwa mtesaji mkubwa wa Wakristo. Alikuwa na nia ya kuangamiza imani ya Kikristo, lakini Mungu alimgeuza kabisa. Katika safari yake kwenda Dameski, alipata maono ya Yesu Kristo, ambaye alimwambia, *"Sauli, Sauli, mbona unanitesa?"* (Matendo 9:4).

Huo ulikuwa mwanzo wa mabadiliko yake ya kiroho. Mungu alimtuma Anania kumponya upofu wake wa muda, na Sauli akapokea wokovu, akabatizwa, na kuwa mmoja wa wahubiri wakubwa wa injili.

Mafunzo:

Ushuhuda wa Paulo unaonyesha kwamba hakuna aliye mbali sana na neema ya Mungu. Mungu anaweza kubadilisha hata wale waliopotea kabisa na kuwafanya vyombo vya utukufu wake.

Andiko Muhimu:

- **1 Timotheo 1:15-16:** *"Kristo Yesu alikuja ulimwenguni awaokoe wenye dhambi; na katika hao mimi nipo wa kwanza."*

---

2. Hadithi ya Maria Magdalene (Luka 8:1-3)

Maria Magdalene alikuwa na minyororo ya kiroho, kwa kuwa aliteswa na mapepo saba. Yesu alimkomboa kutoka kwa mateso hayo na kumpa maisha mapya. Baada ya kukombolewa, Maria akawa mfuasi mwaminifu wa Yesu na mmoja wa wanawake waliomhudumia kwa mali zao.

Maria pia alikuwa mmoja wa mashahidi wa kwanza wa ufufuo wa Kristo, akimwona Yesu baada ya kufufuka (Yohana 20:11-18).

Mafunzo:

Ushuhuda wa Maria Magdalene unathibitisha kwamba Mungu anaweza kumkomboa mtu yeyote kutoka kwa nguvu za giza na kumfanya kuwa mtumishi wa uaminifu wa ufalme wake.

Andiko Muhimu:

- **Zaburi 34:4:** *"Nalimtaka Bwana, akanijibu, akaniponya na hofu zangu zote."*

---

3. Ukombozi wa Petro Baada ya Jaribu (Luka 22:54-62; Yohana 21:15-19)

Petro, mmoja wa mitume wa Yesu, alikumbana na majaribu makubwa wakati alipomkana Yesu mara tatu kabla ya jogoo kuwika. Alijawa na huzuni na majuto makubwa kwa sababu ya udhaifu wake.

Hata hivyo, baada ya kufufuka kwake, Yesu alimrejesha Petro kwa upendo na kumwuliza mara tatu, *"Simoni, mwana wa Yona, wanipenda?"* (Yohana 21:15). Katika mchakato huu, Yesu alimpa Petro nafasi ya kuonyesha toba yake na kumrejesha katika huduma yake kama kiongozi wa kanisa.

Mafunzo:

Ushuhuda wa Petro unaonyesha kwamba hata tunaposhindwa au kumkana Mungu, bado tunaweza kurejeshwa kwa neema yake kubwa.

Andiko Muhimu:

- **1 Petro 5:10:** *"Na Mungu wa neema yote, aliyewaita kwenye utukufu wake wa milele katika Kristo, akiisha kuteseka kwa muda kidogo, yeye mwenyewe atawatengeneza, na kuwathibitisha, na kuwatia nguvu, na kuwafanya imara."*

---

4. Marejesho ya Ayubu Baada ya Mateso (Ayubu 42:10-17)

Ayubu alikuwa mtu mwenye haki, lakini alikumbana na majaribu makubwa alipopoteza mali zake, familia yake, na afya yake. Pamoja na mateso yote, Ayubu hakumwacha Mungu. Ingawa alihisi huzuni na maswali mengi, aliendelea kumtumaini Mungu.

Mwisho wa majaribu, Mungu alimbariki Ayubu mara mbili ya alivyokuwa navyo mwanzoni. Alipewa watoto wapya, mali zaidi, na afya njema.

Mafunzo:

Ushuhuda wa Ayubu unatuonyesha kwamba uaminifu kwa Mungu hata wakati wa mateso hupata thawabu kubwa. Mungu anaweza kurejesha kila kitu tulichopoteza na hata zaidi.

Andiko Muhimu:

- **Ayubu 42:10:** *"Bwana akamrejezea Ayubu hali yake ya kwanza, hapo alipowaombea rafiki zake; tena Bwana akampa Ayubu mara mbili kuliko hayo aliyokuwa nayo kwanza."*

---

5. Mwizi Msalabani (Luka 23:39-43)

Wakati Yesu alipokuwa ananing'inia msalabani, kulikuwa na wezi wawili waliokuwa wakisulubiwa pamoja naye. Mmoja wao alimtusi Yesu, lakini mwingine alikiri dhambi zake na kumwomba Yesu, *"Bwana, unikumbuke utakapoingia katika ufalme wako."* Yesu alimjibu, *"Amini, nakuambia, leo hivi utakuwa pamoja nami peponi."*

Hii ilikuwa neema ya mwisho, inayodhihirisha uwezo wa wokovu wa haraka wa Mungu kwa yeyote anayemwita kwa toba ya kweli.

Mafunzo:

Ushuhuda wa mwizi msalabani unaonyesha kwamba siyo kamwe kuchelewa kutubu na kumgeukia Mungu.

Wokovu unapatikana kwa kila mtu, hata katika dakika za mwisho.

Andiko Muhimu:

- **Warumi 10:13:** *"Kwa kuwa, kila atakayeliitia jina la Bwana ataokoka."*

Ushuhuda wa Paulo, Maria Magdalene, Petro, Ayubu, na mwizi msalabani unaonyesha kwamba nguvu za Mungu zinaweza kubadilisha maisha, kurejesha matumaini, na kutoa wokovu wa kweli. Mungu ana uwezo wa kumsaidia yeyote anayemgeukia, bila kujali hali yao ya sasa. Kama **2 Wakorintho 5:17** inavyosema:

"Hata imekuwa mtu akiwa ndani ya Kristo amekuwa kiumbe kipya; ya kale yamepita; tazama, yamekuwa mapya."

Tunaweza kumtegemea Mungu kuwa kimbilio letu, nguvu yetu, na mwokozi wetu kwa kila hali.

SURA YA 12

Kuishi Katika Uhuru na Ushindi

Kutembea Katika Uhuru Alioutoa Kristo (Wagalatia 5:1)

"Kwa ajili ya uhuru Kristo alitufungua; simameni basi, wala msifungwe tena na nira ya utumwa." – Wagalatia 5:1

Uhuru katika Kristo ni zawadi ya kipekee ambayo waumini hupokea kupitia kifo na ufufuo wa Yesu Kristo. Uhuru huu siyo tu uhuru kutoka kwa dhambi, bali pia uhuru wa kuishi maisha ya ushindi, yenye amani, na yanayoonyesha wema wa Mungu. Katika sura hii, tutachunguza maana ya kuishi katika uhuru alioutoa Kristo, umuhimu wa kusimama imara, na jinsi ya kuepuka kurudi katika nira ya utumwa.

1. Maana ya Uhuru Alioutoa Kristo

Kristo alikufa msalabani ili kutuokoa kutoka katika dhambi na kutupa nafasi ya kuishi maisha mapya ndani ya Mungu. Uhuru huu unajumuisha:

1. **Uhuru Kutoka kwa Dhambi:** Dhambi haina mamlaka tena juu ya wale walio katika Kristo.
2. **Uhuru Kutoka kwa Hukumu:** Tumepokea msamaha wa dhambi zetu, na hukumu imeondolewa.
3. **Uhuru wa Kuishi Maisha ya Haki:** Kupitia neema ya Mungu, tunaweza kuishi maisha yanayoakisi mapenzi ya Mungu.

Andiko Muhimu:

- **Yohana 8:36:** *"Basi Mwana akiwaweka huru, mtakuwa huru kweli kweli."*

---

2. Kusimama Imara Katika Uhuru wa Kristo

Paulo anatufundisha kusimama imara katika uhuru ambao Kristo ametupatia. Hii inamaanisha kuwa hatupaswi kurudi katika hali ya utumwa wa dhambi au sheria ya dini ambayo inabeba mzigo usiohitajika.

Hatua za Kusimama Imara:

1. **Tambua Utambulisho Wako Mpya:** Jua kwamba wewe ni mwana wa Mungu, huru kwa damu ya Kristo.
2. **Epuka Dhambi za Kurudia:** Usirudi katika mazoea yaliyokufanya kuwa mtumwa wa dhambi.
3. **Tegemea Nguvu za Roho Mtakatifu:** Roho Mtakatifu ni msaidizi wetu katika kudumisha uhuru wa kiroho.

Andiko Muhimu:

- **Wafilipi 4:1:** *"Kwa hiyo, ndugu zangu wapendwa, mnaotamaniwa sana, furaha yangu na taji langu, simameni hivyo hivyo katika Bwana, wapenzi wangu."*

3. Kuepuka Nira ya Utumwa

Paulo anaonya waumini wasirudi tena katika "nira ya utumwa," ambayo inaweza kuwa dhambi, hofu, au hata sheria ya kidini. Tunapokubali neema ya Kristo, tunaweza kuishi maisha huru kutokana na mizigo ya kihisia na kiroho.

Mfano wa Nira za Utumwa:

1. **Dhambi:** Kutorudia tabia ambazo zinatupeleka mbali na Mungu.
2. **Hofu na Mashaka:** Kutokumwamini Mungu kikamilifu.
3. **Sheria:** Kushikilia dini bila uhusiano wa kweli na Mungu.

Andiko Muhimu:

- **Warumi 6:14:** *"Kwa maana dhambi haitakuwa na mamlaka juu yenu, kwa sababu hamwi chini ya sheria, bali chini ya neema."*

4. Jinsi Wagalatia 5:1 Inavyotumika Katika Maisha Yako

a) Kuishi Maisha ya Amani na Furaha

Uhuru wa Kristo unakuwezesha kuishi maisha yaliyojaa furaha na amani. Unaweza kumtumaini Mungu kwa mambo yote, ukijua kwamba yupo upande wako.

b) Kupata Ushindi Juu ya Dhambi

Kupitia Roho Mtakatifu, tuna nguvu za kushinda majaribu na dhambi zinazotaka kutufanya watumwa.

- **1 Wakorintho 10:13:** *"Jaribu halikuwapata ninyi, isipokuwa lililo kawaida ya wanadamu; lakini Mungu ni mwaminifu, ambaye hatawaacha mjaribiwe kupita mwezavyo."*

c) Kushuhudia Wengine Kuhusu Uhuru wa Kristo

Tuna nafasi ya kuwashuhudia wengine kuhusu uhuru wa kweli unaopatikana ndani ya Yesu Kristo.

- **Mathayo 28:19:** *"Enendeni, mkawafanye mataifa yote kuwa wanafunzi."*

---

5. Faida za Kuishi Katika Uhuru wa Kristo

a) Amani ya Ndani:

Uhuru wa Kristo hutupa amani ya kudumu hata katikati ya changamoto.

- **Wafilipi 4:7:** *"Na amani ya Mungu, ipitayo akili zote, itawahifadhi mioyo yenu na nia zenu katika Kristo Yesu."*

b) Ushindi wa Kiroho:

Waumini wanaweza kushinda nguvu za giza na kuishi kwa ushindi kila siku.

- **1 Yohana 5:4:** *"Kwa maana kila kitu kilichozaliwa na Mungu huushinda ulimwengu; na huku ndiko kushinda kuushindako ulimwengu, yaani, imani yetu."*

c) Tumaini la Milele:

Uhuru wa Kristo hutufanya tuwe na hakika ya uzima wa milele.

- **Yohana 14:2-3:** *"Nyumbani mwa Baba yangu mna makao mengi... Naja niwakaribishe kwangu; ili nilipo mimi, nanyi muwepo."*

---

6. Njia za Kivitendo za Kutembea Katika Uhuru wa Kristo

1. **Omba Mara kwa Mara:** Sala ni njia ya kuimarisha uhusiano wako na Mungu.
2. **Soma Neno la Mungu:** Tafuta kuelewa ahadi za Mungu na uzitumie maishani mwako.
3. **Shiriki na Jamii ya Imani:** Jiunge na waumini wenzako ili kuimarishana kiroho.
4. **Epuka Dhambi na Mazoea Mabaya:** Fanya maamuzi yanayoendana na mapenzi ya Mungu.

Kuishi katika uhuru na ushindi wa Kristo ni zawadi ya kipekee inayotuwezesha kushinda dhambi, kuishi maisha ya haki, na kutembea kwa amani ya kweli. Kama ilivyoandikwa katika **Wagalatia 5:1:**

"Kwa ajili ya uhuru Kristo alitufungua; simameni basi, wala msifungwe tena na nira ya utumwa."

Kwa neema ya Mungu, tunaweza kuishi maisha yenye mwelekeo wa mbinguni, tukijua kwamba tumewekwa huru na Kristo na tumepokea ushindi kupitia kwake. Uhuru wa Kristo ni uhakika wa maisha yenye furaha, amani, na baraka za milele.

Kudumisha Ushindi Dhidi ya Ngome Kupitia Kujisalimisha kwa Mungu Kila Siku

Kudumisha Ushindi Kupitia Kujisalimisha kwa Mungu

Ushindi wa kudumu dhidi ya ngome za kiroho hauwezi kufikiwa kwa nguvu zetu wenyewe bali kwa kujisalimisha kikamilifu kwa Mungu kila siku. Tunapomruhusu Mungu kututawala, anatubadilisha kutoka ndani na kutupa nguvu za kushinda changamoto za kiroho, dhambi, na vizuizi vingine ambavyo hutuzuia kuishi maisha ya ushindi. Katika sura hii, tutaelezea umuhimu wa kujisalimisha kila siku, hatua za kudumisha ushindi, na jinsi ya kuimarisha uhusiano wetu na Mungu ili kuendelea kuwa washindi.

1. Maana ya Kujisalimisha kwa Mungu Kila Siku

Kujisalimisha kwa Mungu kunamaanisha kumkabidhi kila sehemu ya maisha yetu—mawazo, matendo, tamaa, na maamuzi—kwa uongozi wake. Hii inahitaji unyenyekevu, imani, na uaminifu wa kumruhusu Mungu kushughulikia changamoto zetu.

Andiko Muhimu:

- **Yakobo 4:7:** *"Basi mtiini Mungu. Mpingeni Shetani, naye atawakimbia."*

Kujisalimisha kila siku ni mchakato wa kuonyesha utii kwa Mungu huku tukipinga nguvu za dhambi na giza ambazo zinajaribu kuturudisha katika ngome.

---

2. Hatua za Kudumisha Ushindi Dhidi ya Ngome

a) Maombi ya Kila Siku

Maombi ni zana ya kiroho inayotuunganisha na Mungu. Tunapomwomba Mungu kila siku, tunapokea nguvu za kiroho za kushinda majaribu na dhambi.

- **Mathayo 6:11:** *"Utupe leo riziki yetu ya kila siku."*
- Omba Mungu akuonyeshe maeneo ya maisha yako yanayohitaji mabadiliko.

b) Kujaza Mawazo na Neno la Mungu

Maandiko yanatoa mwongozo wa jinsi tunavyoweza kushinda changamoto za kiroho. Kutafakari Neno la Mungu kila siku husaidia kuimarisha mawazo yetu dhidi ya mashambulizi ya adui.

- **Zaburi 119:11:** *"Nimelificha neno lako moyoni mwangu, nisije nikakutenda dhambi."*

c) Kuishi kwa Imani

Imani ni msingi wa kudumisha ushindi. Tunapokumbana na changamoto, tunapaswa kuamini kwamba Mungu atatupa ushindi.

- **2 Wakorintho 5:7:** *"Maana twaenenda kwa imani, si kwa kuona."*

d) Kukiri Dhambi na Kutubu

Dhambi ni moja ya vizuizi vikubwa vya kushinda ngome. Kukiri na kutubu kila siku hutuweka safi mbele za Mungu.

- **1 Yohana 1:9:** *"Tukiziungama dhambi zetu, yeye ni mwaminifu na wa haki hata atuondolee dhambi zetu, na kutusafisha na udhalimu wote."*

e) Kuendelea Kuweka Tumaini kwa Mungu

Hata tunaposhindwa, tunapaswa kumtegemea Mungu kwa nguvu mpya na msamaha wake.

- **Mithali 24:16:** *"Kwa maana mwenye haki huanguka mara saba akaondoka tena."*

---

3. Changamoto za Kudumisha Ushindi

Kudumisha ushindi kunaweza kuwa na changamoto kama vile:

1. **Kushuka moyo:** Tunapokumbana na changamoto kubwa, tunaweza kuhisi kushindwa.
2. **Majaribu:** Dhambi na majaribu hujaribu kutuvuta mbali na Mungu.
3. **Kukosa uvumilivu:** Ushindi wa kiroho mara nyingi ni mchakato wa polepole unaohitaji uvumilivu.

Njia za Kushinda Changamoto Hizi:

1. **Omba Uvuvio wa Roho Mtakatifu:** Mwombe Roho Mtakatifu akupe nguvu za kushinda.
2. **Kumbuka Ushindi wa Zamani:** Kumbuka jinsi Mungu amekusaidia huko nyuma.
3. **Shirikiana na Waumini Wengine:** Pata msaada wa kiroho kutoka kwa jamii ya waumini.

---

4. Maisha ya Ushindi Yanaonekanaje?

a) Kuwa na Amani ya Ndani

Waumini wanaoishi katika ushindi wanajaa amani, hata wanapokutana na changamoto.

- **Yohana 14:27:** *"Amani nawaachia; amani yangu nawapa; si kama ulimwengu utoavyo, mimi nawapa."*

b) Kuzaa Matunda ya Roho

Maisha yaliyojikita katika ushindi huonyesha matunda ya Roho Mtakatifu kama vile upendo, furaha, na uvumilivu.

- **Wagalatia 5:22-23:** *"Lakini tunda la Roho ni upendo, furaha, amani, uvumilivu, utu wema, fadhili, uaminifu, upole, kiasi."*

c) Ushuhuda Mzuri

Waumini wanaoishi kwa ushindi huwa nuru kwa wengine, wakionyesha wema wa Mungu.

- **Mathayo 5:16:** *"Vivyo hivyo nuru yenu iangaze mbele ya watu, wapate kuziona kazi zenu njema, wamtukuze Baba yenu aliye mbinguni."*

---

5. Mifano ya Kibiblia ya Kudumisha Ushindi

a) Yesu Kristo

Yesu alituonyesha mfano wa kujisalimisha kila siku kwa Baba yake kupitia maombi, utiifu, na imani.

- **Luka 22:42:** *"Baba, ikiwa ni mapenzi yako uniondolee kikombe hiki; walakini si mapenzi yangu, bali yako yatendeke."*

b) Paulo

Paulo aliishi maisha ya ushindi kwa kumtumaini Mungu katika kila hali, hata alipopitia mateso.

- **Wafilipi 4:13:** *"Nayaweza mambo yote katika yeye anitiaye nguvu."*

---

6. Umuhimu wa Ushindi wa Kila Siku

Kudumisha ushindi wa kila siku hutuwezesha:

1. **Kuimarisha Uhusiano Wetu na Mungu:** Tunakuwa karibu zaidi naye tunapomtegemea kila siku.

2. **Kushinda Nguvu za Giza:** Tunakuwa huru kutokana na mashambulizi ya adui.
3. **Kuishi Maisha Yenye Kusudi:** Tunatimiza mpango wa Mungu kwa maisha yetu.

Kudumisha ushindi dhidi ya ngome kunahitaji kujisalimisha kila siku kwa Mungu. Tunapomtegemea Mungu, tunaweza kushinda changamoto, kuishi maisha yaliyojaa furaha, na kuonyesha ushindi wa kweli wa Kristo. Kama ilivyoandikwa katika **Wagalatia 5:1:**

"Kwa ajili ya uhuru Kristo alitufungua; simameni basi, wala msifungwe tena na nira ya utumwa."

Kwa kujisalimisha kila siku, tunaruhusu nguvu za Mungu kutenda kazi ndani yetu na kutupeleka katika ushindi wa milele kupitia Yesu Kristo.

Kuhimiza Wengine Katika Safari Yao ya Uhuru

Kuhimiza wengine katika safari yao ya kupata uhuru wa kiroho ni jukumu muhimu kwa kila Mkristo. Katika maisha ya imani, kila mmoja wetu anakutana na changamoto tofauti ambazo zinaweza kuwa ngome za kiroho, maumivu ya kihisia, au dhambi zinazotufanya watumwa. Tunapopata uhuru wa kweli kupitia Kristo, ni muhimu kuwa chanzo cha faraja na msaada kwa wengine wanaopitia changamoto kama hizo. Katika sura hii, tutaelezea jinsi ya kuwahimiza wengine katika safari yao ya uhuru na jinsi Biblia inavyotufundisha kuwa msaada kwa waumini wenzetu.

---

1. Umuhimu wa Kuhimiza Wengine

Kuhimiza wengine ni moja ya njia za kuonyesha upendo wa Kristo kwa vitendo. Tunapowahimiza wengine, tunawasaidia kushinda changamoto zao na kuwafanya waone tumaini la maisha yaliyojaa amani na furaha.

Andiko Muhimu:

- **Wagalatia 6:2:** *"Mchukuliane mizigo yenu, na kuitimiza hivyo sheria ya Kristo."*

Mstari huu unatufundisha kwamba tunaposhirikiana mizigo ya kiroho, kihisia, na kihali ya wengine, tunatimiza agizo la upendo wa Kristo.

---

2. Njia za Kivitendo za Kuhimiza Wengine Katika Safari Yao ya Uhuru

a) Sikiliza Kwa Makini

Kusikiliza ni hatua ya kwanza ya kuwahimiza wengine. Watu wengi wanahitaji mtu wa kusikiliza changamoto zao bila kuhukumiwa.

- **Yakobo 1:19:** *"Mpende kila mtu awe mwepesi wa kusikia, si mwepesi wa kusema, wala wa hasira."*

b) Omba Pamoja Nao

Sala ni chombo cha kiroho chenye nguvu katika kuwasaidia wengine. Waombee wale wanaopitia changamoto na waombe Mungu awatie nguvu katika safari yao ya uhuru.

- **Mathayo 18:20:** *"Kwa maana walipo wawili watatu wamekusanyika kwa jina langu, hapo ndipo nilipo katikati yao."*

c) Shiriki Neno la Mungu

Neno la Mungu lina uwezo wa kufariji, kuponya, na kuleta mwongozo. Shiriki maandiko yanayowatia moyo wale wanaopitia changamoto.

- **2 Timotheo 3:16-17:** *"Kila andiko, lenye pumzi ya Mungu, lafaa kwa mafundisho, na kwa kuwaonya watu makosa yao, na kuwaongoza, na kwa kuwaadabisha katika haki; ili mtu wa Mungu awe kamili, amekamilishwa apate kutenda kila tendo jema."*

d) Toa Ushuhuda Wako

Kushiriki ushuhuda wa jinsi Mungu alivyokuwezesha kushinda changamoto kunaweza kuwahimiza wengine. Ushuhuda wako unaweza kuwapa matumaini kwamba wao pia wanaweza kushinda kupitia nguvu za Mungu.

- **Ufunuo 12:11:** *"Nao wakamshinda kwa damu ya Mwana-Kondoo, na kwa neno la ushuhuda wao."*

---

3. Mifano ya Kibiblia ya Kuhimiza Wengine

a) Yesu na Mitume Wake

Yesu aliwahimiza mitume wake mara kwa mara, akiwafundisha jinsi ya kuishi maisha ya imani na ushindi.

- **Yohana 16:33:** *"Hayo nimewaambia, mpate kuwa na amani ndani yangu. Ulimwenguni mnayo dhiki; lakini jipeni moyo, mimi nimeushinda ulimwengu."*

b) Barnaba: Mwana wa Faraja

Barnaba alihimiza na kuwasaidia waumini wapya katika imani yao. Alikuwa mfano wa kuigwa katika kuwainua wengine.

- **Matendo 11:23:** *"Alipofika, akaona neema ya Mungu, alifurahi, akawasihi wote wakae katika Bwana kwa moyo wa uthabiti."*

c) Paulo na Timotheo

Paulo alimhimiza Timotheo katika huduma yake, akimpa maelekezo ya kuimarisha imani na kushinda changamoto za kiroho.

- **2 Timotheo 1:7:** *"Kwa maana Mungu hakutupa roho ya woga, bali ya nguvu na ya upendo na ya moyo wa kiasi."*

---

4. Changamoto za Kuwahimiza Wengine

Ingawa kuhimiza wengine ni jukumu la kila muumini, kuna changamoto kadhaa ambazo tunaweza kukutana nazo:

1. **Ukosefu wa Subira:** Wengine wanaweza kuwa na mchakato wa polepole wa mabadiliko.

2. **Mazungumzo Magumu:** Baadhi ya changamoto za watu zinaweza kuwa ngumu kusikiliza au kuelewa.

3. **Kukosa Uwezo wa Kutoa Suluhisho:** Wakati mwingine hatuwezi kutoa suluhisho la moja kwa moja kwa changamoto za wengine.

Suluhisho:

- **Omba Hekima:** Mwombe Mungu akupe hekima ya jinsi ya kuwahimiza wengine.
- **Kuwa Mvumilivu:** Heshimu safari ya kila mtu na uvumilie wakati wa mchakato wa mabadiliko.
- **Waelekeze Kwa Mungu:** Wape moyo wa kumtegemea Mungu kwa msaada wa mwisho.

---

5. Baraka za Kuhimiza Wengine

1. **Kuimarisha Uhusiano wa Kiroho:** Tunaposaidia wengine, tunajenga uhusiano wa kina wa kiroho.

2. **Baraka za Mungu:** Mungu anabariki wale wanaotumika kuwa msaada kwa wengine.

- **Luka 6:38:** *"Wapeni watu, nanyi mtapewa; kipimo cha kujaa na kushindiliwa, na kushikamanishwa, na kufurika, ndicho watu watakachowapa kifuani mwenu."*

3. **Kukuza Jumuiya ya Imani:** Ushirika wa waumini huimarika tunaposaidiana kushinda changamoto za kiroho.

Kuhimiza wengine katika safari yao ya kupata uhuru ni jukumu la msingi la kila Mkristo. Kama waumini, tunaitwa kuwa chanzo cha faraja, msaada, na mwangaza kwa wale wanaotafuta uhuru wa kiroho. Tunaposhirikiana katika mizigo na maombi, tunatimiza sheria ya Kristo na kujenga jamii ya waumini yenye nguvu.

Kama ilivyoandikwa katika **1 Wathesalonike 5:11:** *"Kwa hiyo farijianeni, jengeni kila mmoja mwenzake, vile vile kama mnavyofanya."*

Mungu ametuita kuwa msaada wa wengine, tukiwahimiza kuendelea katika imani na kuishi maisha yaliyojaa amani na uhuru wa Kristo.

Andiko Muhimu: Yohana 8:36 – "Kwa hiyo, Mwana akiwaweka huru, mtakuwa huru kweli kweli."

Uhuru wa kweli ni zawadi kutoka kwa Yesu Kristo, aliye Mwana wa Mungu. Wakati Yesu anapotuokoa, anatutoa katika minyororo ya dhambi, hofu, na vizuizi vyote vinavyotuzuia kuishi maisha yaliyojaa amani na furaha ya kiroho. Katika sura hii, tutaangazia maana ya andiko hili, jinsi tunavyoweza kupokea uhuru wa kweli, na jinsi ya kuishi maisha yaliyojaa ushindi kupitia Kristo.

---

1. Maana ya Yohana 8:36

Andiko hili linathibitisha kwamba uhuru wa kweli unaweza kupatikana tu kupitia Yesu Kristo. Wakati dhambi inapotufanya watumwa, Yesu anakuja kama Mkombozi wetu, kutuvunja kutoka katika minyororo hiyo na kutuweka huru kiroho.

Andiko Muhimu:

- **Yohana 8:34:** *"Yesu akawajibu, Amin, amin, nawaambia, Kila atendaye dhambi ni mtumwa wa dhambi."*

Yesu anatufundisha kwamba dhambi hutufanya kuwa watumwa, lakini yeye ndiye njia pekee ya kutuokoa kutoka kwa utumwa huo. Uhuru huu hauhusiani tu na dhambi bali pia na hofu, mashaka, na mizigo mingine ya kiroho.

---

2. Uhuru wa Kweli Unapatikanaje?

a) Kupitia Imani kwa Yesu Kristo

Uhuru wa kweli huanza kwa kumwamini Yesu kama Mwokozi wetu. Imani katika Kristo hutufungua milango ya neema na wokovu.

- **Waefeso 2:8-9:** *"Kwa maana mmeokolewa kwa neema, kwa njia ya imani; ambayo hiyo haikutokana na nafsi zenu, ni kipawa cha Mungu; wala si kwa matendo, mtu awaye yote asije akajisifu."*

b) Kukiri Dhambi na Kutubu

Dhambi ni kizuizi kikubwa cha uhuru wa kiroho. Tunapokiri dhambi zetu na kutubu, tunapokea msamaha na uhuru wa kweli kutoka kwa Mungu.

- **1 Yohana 1:9:** *"Tukiziungama dhambi zetu, yeye ni mwaminifu na wa haki hata atuondolee dhambi zetu, na kutusafisha na udhalimu wote."*

c) Kuishi Ndani ya Neno la Mungu

Yesu alisema kwamba wale wanaokaa ndani ya Neno lake watakuwa wanafunzi wake wa kweli na watajua ukweli ambao utawaweka huru.

- **Yohana 8:31-32:** *"Basi Yesu akawaambia wale Wayahudi waliomwamini, Ninyi mkikaa katika neno langu, mmekuwa wanafunzi wangu kweli kweli; tena mtaifahamu kweli, nayo hiyo kweli itawaweka huru."*

---

3. Umuhimu wa Uhuru wa Kristo

a) Uhuru Kutoka Dhambini

Yesu alikufa msalabani ili kutuokoa kutoka kwa nguvu za dhambi. Uhuru huu unamaanisha kwamba hatutawaliwi tena na dhambi bali tunaweza kuishi maisha ya haki.

- **Warumi 6:18:** *"Nanyi mlipokwisha kuwekwa huru mbali na dhambi, mkawa watumwa wa haki."*

b) Uhuru wa Akili na Mawazo

Yesu anatufundisha jinsi ya kuchukua kila wazo na kulileta chini ya utiifu wake. Uhuru huu hutuwezesha kuishi maisha yaliyojaa amani na usafi wa mawazo.

- **2 Wakorintho 10:5:** *"Tukiangusha mawazo, na kila kitu kilichoinuka, kijinuacho juu ya elimu ya Mungu, tena tukiteka nyara kila fikara ipate kumtii Kristo."*

c) Uhuru wa Kuishi Maisha Yenye Kusudi

Uhuru wa Kristo hutuwezesha kuishi maisha yaliyojaa tumaini, furaha, na lengo la kiroho. Tunaweza kutimiza mpango wa Mungu katika maisha yetu bila vizuizi vya kiroho.

4. Jinsi ya Kudumisha Uhuru wa Kristo

a) Endelea Kuwa na Uhusiano wa Karibu na Mungu

Uhuru wa kiroho unadumishwa kupitia sala, ibada, na kutafakari Neno la Mungu kila siku.

b) Epuka Kurudi Katika Utumwa

Ni muhimu kujitahidi kuepuka dhambi na mazoea yanayoweza kuturudisha katika minyororo ya zamani.

- **Wagalatia 5:1:** *"Kwa ajili ya uhuru Kristo alitufungua; simameni basi, wala msifungwe tena na nira ya utumwa."*

c) Shiriki Ushuhuda Wako

Kushiriki jinsi Kristo amekuweka huru kunaweza kuwahimiza wengine na kuwasaidia katika safari yao ya kiroho.

- **Ufunuo 12:11:** *"Nao wakamshinda kwa damu ya Mwana-Kondoo, na kwa neno la ushuhuda wao."*

5. Mfano wa Kibiblia wa Uhuru wa Kristo

a) Mwanamke Aliyekamatwa Katika Uzinzi (Yohana 8:1-11)

Yesu alimwekea mwanamke aliyekamatwa katika uzinzi uhuru wa kweli kwa kumsamehe dhambi zake na kumwambia, *"Enenda zako; wala usitende dhambi tena."*

b) Paulo na Sila (Matendo 16:25-34)

Walipokuwa gerezani, Paulo na Sila waliimba na kumuomba Mungu, na mlango wa gereza ukafunguliwa. Ushindi wao ulikuwa mfano wa uhuru wa kimwili na kiroho.

---

6. Faida za Uhuru wa Kristo

1. **Amani ya Ndani:** Tunapata amani ya kweli inayotokana na kujua kwamba dhambi zetu zimesamehewa.
2. **Ushindi wa Kiroho:** Tunapata nguvu za kushinda majaribu na dhambi.
3. **Tumaini la Milele:** Tunajua kwamba tunayo ahadi ya uzima wa milele kupitia Kristo.

Yohana 8:36 inatufundisha kwamba uhuru wa kweli unapatikana tu kupitia Yesu Kristo. Uhuru huu ni zawadi ya kipekee inayotuwezesha kuishi maisha ya ushindi, furaha, na kusudi. Kama ilivyoandikwa, *"Kwa hiyo, Mwana akiwaweka huru, mtakuwa huru kweli kweli."*

Ni jukumu letu kuishi kwa kushikilia uhuru huu, tukimwamini Mungu kila siku na kumtegemea kwa kila jambo. Kwa kupitia Kristo, tunaweza kuvunja minyororo yote ya dhambi na kuishi maisha yaliyojaa amani na tumaini la milele.

HITIMISHO

Safari Inaendelea

Kushinda Ngome: Safari ya Maisha ya Kumwamini Mungu

Kushinda ngome za kiroho si jambo la kufanikishwa mara moja bali ni safari ya maisha. Inahusisha kumwamini Mungu kila siku, kujisalimisha kwake, na kuendelea kujifunza kupitia Neno lake na msaada wa Roho Mtakatifu. Ni mchakato wa ukuaji wa kiroho unaohitaji uvumilivu, imani, na kujitolea kwa kila hatua tunayopiga katika safari ya imani.

1. Safari ya Kumtegemea Mungu Kila Siku

Mungu anatuita tuishi maisha ya kila siku tukimtegemea Yeye. Hili linahitaji kutambua kwamba hatuwezi kushinda nguvu za dhambi, hofu, au changamoto za kiroho kwa nguvu zetu wenyewe. Badala yake, tunapaswa kumtegemea Mungu kwa kila jambo, tukimkabidhi maisha yetu kwa sala na imani.

Andiko Muhimu:

- **Mithali 3:5-6:** *"Mtumaini Bwana kwa moyo wako wote, wala usizitegemee akili zako mwenyewe. Katika njia zako zote mkiri yeye, naye atayanyoosha mapito yako."*

Katika kila hatua ya safari yetu, Mungu anaahidi kutuongoza, kutufariji, na kutupa nguvu za kushinda.

---

2. Kumtambua Mungu Katika Kila Hatua ya Safari

Safari ya kushinda ngome inahusisha kumtambua Mungu kila siku, hata wakati wa changamoto na majaribu. Mungu hutumia kila hali, hata zile ngumu, kuimarisha imani yetu na kutufundisha kumtegemea zaidi.

Mfano wa Ayubu:

Ayubu alipoteza kila kitu lakini alidumu kumwamini Mungu. Mwisho wa majaribu yake, aliona uaminifu wa Mungu na baraka zake.

- **Ayubu 42:10:** *"Bwana akamrejezea Ayubu hali yake ya kwanza, hapo alipowaombea rafiki zake; tena Bwana akampa Ayubu mara mbili kuliko hayo aliyokuwa nayo kwanza."*

Tunapomtegemea Mungu hata katikati ya magumu, anatupatia ushindi wa kweli na kutufundisha masomo ya thamani.

---

3. Kushinda Ngome kwa Kumruhusu Mungu Kutubadilisha

Mchakato wa kushinda ngome unahusisha kuruhusu Roho Mtakatifu kutubadilisha kutoka ndani. Hii inamaanisha kwamba tunapaswa kuwa tayari:

1. Kuachana na tabia mbaya.
2. Kurekebisha fikra potofu kwa Neno la Mungu.

3. Kukubali maonyo na marekebisho kutoka kwa Mungu.

Andiko Muhimu:

- **Warumi 12:2:** *"Walà msiifuatishe namna ya dunia hii; bali mgeuzwe kwa kufanywa upya nia zenu, mpate kujua hakika mapenzi ya Mungu yaliyo mema, ya kumpendeza, na ukamilifu."*

---

4. Kuwa na Uvumilivu Katika Safari

Kushinda ngome za kiroho ni mchakato wa polepole unaohitaji uvumilivu. Tunapaswa kuelewa kwamba Mungu anatufundisha kupitia hatua kwa hatua, akituandaa kwa kila ushindi mpya.

Andiko Muhimu:

- **Yakobo 1:2-4:** *"Ndugu zangu, hesabuni ya kuwa ni furaha tupu, mkiangukia majaribu mbalimbali; mkijua ya kuwa kujaribiwa kwa imani yenu huleta saburi. Saburi na iwe na kazi kamili, mpate kuwa wakamilifu na watimilifu, bila kupungukiwa na neno."*

---

5. Ushuhuda Wetu Katika Safari ya Kushinda Ngome

Tunapopata ushindi, tuna nafasi ya kuwa nuru kwa wengine. Ushuhuda wetu unaweza kuwahimiza wengine wanaopitia changamoto kama hizo. Kushiriki jinsi Mungu ametuwezesha kushinda ngome kunawatia wengine moyo kumwamini Mungu zaidi.

Andiko Muhimu:

- **Mathayo 5:16:** *"Vivyo hivyo nuru yenu iangaze mbele ya watu, wapate kuziona kazi zenu njema, wamtukuze Baba yenu aliye mbinguni."*

---

6. Umuhimu wa Kuendelea Katika Maombi na Kujifunza Neno la Mungu

Maombi ya kila siku na tafakari ya Neno la Mungu ni njia kuu za kudumisha ushindi dhidi ya ngome. Kupitia maombi, tunajitambulisha na uwepo wa Mungu. Kupitia Neno lake, tunapata nguvu za kiroho na hekima ya kukabiliana na changamoto za kila siku.

Andiko Muhimu:

- **Zaburi 119:105:** *"Neno lako ni taa ya miguu yangu, na mwanga wa njia yangu."*

---

7. Ushindi wa Mwisho Kupitia Kristo

Kushinda ngome za kiroho kunaweza kuwa safari ya maisha, lakini ahadi ya Mungu ni kwamba hatuko peke yetu. Kristo tayari ameshinda kwa niaba yetu, na ushindi wake hutupatia tumaini la milele.

Andiko Muhimu:

- **Warumi 8:37:** *"Lakini katika mambo hayo yote tunashinda, na zaidi ya kushinda, kwa yeye aliyetupenda."*

Safari ya kushinda ngome ni mchakato wa kila siku wa kumwamini Mungu, kujisalimisha kwake, na kushirikiana naye kwa undani zaidi. Ni safari ya kiroho inayotufundisha uvumilivu, imani, na kujitolea. Kama ilivyoandikwa katika **Wafilipi 1:6:**

"Nami nikiwa na uhakika wa neno hili, ya kwamba yeye aliyeanza kazi njema ndani yenu ataimaliza hata siku ya Kristo Yesu."

Safari hii siyo rahisi, lakini ni yenye thamani kubwa. Tunapodumu katika kumwamini Mungu, tunapata ushindi wa kweli na uhuru wa kiroho unaotufanya tuishi maisha ya furaha, tumaini, na ushindi wa milele kupitia Kristo Yesu. Safari inaendelea, na Mungu yuko pamoja nasi kila hatua ya njia.

NGUVU ZA MUNGU

Kuhimizwa Kudumu na Kutegemea Nguvu za Mungu

Maisha ya Kikristo yamejaa changamoto, majaribu, na wakati mwingine magumu yanayotufanya tuhisi kushuka moyo. Hata hivyo, Biblia inatufundisha kwamba Mungu hutupatia nguvu za kuendelea mbele na kutuvusha kila hali ngumu. Kudumu katika safari ya imani na kutegemea nguvu za Mungu ni sehemu ya msingi ya maisha ya Kikristo, ambayo hutufanya tuwe thabiti, wenye tumaini, na washindi. Katika sura hii, tutajifunza jinsi ya kudumu na kutegemea nguvu za Mungu kwa kila hali.

1. Umuhimu wa Kudumu Katika Imani

Kudumu kunamaanisha kusimama imara hata wakati mambo yanapokuwa magumu. Ni kutokata tamaa, bali kuendelea kuamini kwamba Mungu anayo mpango mzuri kwa maisha yetu.

- **Yakobo 1:12:** *"Heri mtu yule astahimiliye majaribu; kwa sababu akikubalika ataipokea taji ya uzima, Bwana aliyowaahidia wampendao."*

Sababu za Kudumu:

1. Mungu ana mpango wa ajabu kwa kila mmoja wetu, hata kama hatuoni sasa.
2. Kujifunza kupitia changamoto hutufanya tukue kiroho na kutufanya washindi.
3. Mungu hutumia changamoto kutufundisha kumtegemea zaidi.

---

2. Kutegemea Nguvu za Mungu Badala ya Zetu

Mara nyingi tunapojaribu kutatua changamoto zetu kwa nguvu zetu, tunajikuta tukishindwa. Mungu anatufundisha kwamba nguvu zake ndizo hutuwezesha kuvuka changamoto za maisha.

Andiko Muhimu:

- **2 Wakorintho 12:9:** *"Nema yangu yakutosha; maana uweza wangu hutimilika katika udhaifu."*

Jinsi ya Kutegemea Nguvu za Mungu:

1. **Omba kwa Mungu msaada wa kila siku:** Sala ni njia kuu ya kumkabidhi Mungu udhaifu wetu.
2. **Kumbuka ahadi za Mungu:** Soma Neno la Mungu na uamini kwamba nguvu zake zitakutosha.
3. **Kuwa na subira:** Tambua kwamba Mungu anafanya kazi kwa wakati wake kamili.

---

3. Ushuhuda wa Kibiblia wa Kudumu na Kutegemea Mungu

a) Ayubu - Kudumu Katika Mateso

Ayubu alikumbana na majaribu makubwa, lakini alikataa kumkana Mungu. Badala yake, alimwamini hata katikati ya maumivu na akavumilia mpaka aliporejeshewa kila kitu mara mbili.

- **Ayubu 1:21:** *"Bwana alitoa, na Bwana ametwaa; jina la Bwana na libarikiwe."*

b) Paulo – Kutegemea Nguvu za Mungu Katika Dhiki

Paulo alikumbana na mateso mengi, kama vile kupigwa, kufungwa gerezani, na kuhatarisha maisha yake kwa ajili ya injili. Hata hivyo, alitambua kwamba nguvu zake zinatoka kwa Mungu.

- **Wafilipi 4:13:** *"Nayaweza mambo yote katika yeye anitiaye nguvu."*

c) Yesu Kristo – Mfano Mkamilifu wa Kudumu

Yesu alikabiliana na mateso makali msalabani, lakini alidumu kwa sababu ya upendo wake kwa wanadamu. Alitegemea mapenzi ya Baba yake na akashinda.

- **Luka 22:42:** *"Baba, ikiwa ni mapenzi yako uniondolee kikombe hiki; walakini si mapenzi yangu, bali yako yatendeke."*

---

4. Njia za Kivitendo za Kudumu na Kutegemea Mungu

a) Omba Bila Kukoma

Sala ni njia kuu ya kuimarisha uhusiano wako na Mungu na kumtegemea katika kila hali.

- **1 Wathesalonike 5:17:** *"Ombeni bila kukoma."*

b) Tafakari Neno la Mungu

Neno la Mungu linatupa faraja na nguvu tunapokumbana na changamoto. Soma na tafakari maandiko kila siku.

- **Zaburi 119:105:** *"Neno lako ni taa ya miguu yangu, na mwanga wa njia yangu."*

c) Kuwa na Jamii ya Waumini

Kushirikiana na waumini wengine hutupa msaada wa kiroho na nguvu za kusonga mbele.

- **Waebrania 10:24-25:** *"Tujitahidi kushughulikiana katika kuhamasisha upendo na matendo mema. Wala tusiache kukusanyika pamoja."*

d) Kumbuka Ushuhuda wa Zamani

Kumbuka jinsi Mungu alivyokusaidia hapo awali. Hii itakutia moyo kumwamini kwa changamoto za sasa.

- **Zaburi 77:11:** *"Nitayakumbuka matendo ya Bwana; naam, nitayakumbuka maajabu yako ya kale."*

---

5. Baraka za Kudumu na Kutegemea Mungu

1. **Amani ya Ndani:** Kudumu na kumtegemea Mungu hutupatia amani hata katikati ya dhoruba.
2. **Kushinda Changamoto:** Mungu hutupa nguvu za kushinda changamoto ambazo kwa kawaida zingeonekana ngumu.
3. **Ushuhuda wa Maisha:** Watu wanaona imani yetu inapodumu, na hii inaweza kuwavuta kwa Mungu.

Kudumu na kutegemea nguvu za Mungu ni msingi wa maisha ya Kikristo. Ni mwaliko wa kila siku wa kuacha udhaifu wetu mikononi mwa Mungu na kuamini kwamba nguvu zake zitatosha. Kama ilivyoandikwa katika **Isaya 40:31:**

"Bali wao wamtumainio Bwana watapata nguvu mpya; watapanda juu kwa mbawa kama tai; watapiga mbio, wala hawatachoka; watakwenda kwa miguu, wala hawatazimia."

Safari ya maisha si rahisi, lakini tunapodumu na kumtegemea Mungu, tunakuwa washindi wa kweli. Mungu anatuita tumtegemee, siyo kwa sababu hatuwezi peke yetu tu, bali kwa sababu nguvu zake ni kamilifu na zinaweza kutuvusha changamoto zote.

SALA

Sala ya Mwisho ya Kujitoa Kwa Mungu ili Kubomoa Ngome na Kuishi Katika Uhuru wa Mungu

Ee Mungu wa milele, Baba wa mbinguni,

Nakushukuru kwa upendo wako usio na kikomo, kwa neema yako inayotutosha, na kwa zawadi ya uhuru kupitia Yesu Kristo. Nakushukuru kwa kuwa wewe ni kimbilio langu, ngome yangu, na msaada wangu wa kila wakati.

Leo, ninajisalimisha mbele zako kwa moyo wa unyenyekevu, nikiomba unisaidie kubomoa ngome zote zinazonizuia kuishi katika uhuru ulionipatia. Naomba unisafishe mawazo yangu, moyo wangu, na roho yangu. Ee Bwana, nifundishe jinsi ya kuchukua kila wazo na kulifanya kuwa mtiifu kwa Kristo.

Ninakiri kwamba:

- Ngome zote za dhambi, hofu, shaka, na mazoea mabaya zimevunjwa kwa jina la Yesu.
- Nguvu zote za giza zinazojaribu kunizuia kuishi kwa uhuru zimeangushwa kupitia damu ya Kristo.
- Ulinzi wako unanizunguka, nami ninatembea katika nuru yako.

Baba, ninaomba Roho wako Mtakatifu aendelee kuniongoza na kunitia nguvu kila siku. Nisaidie kuishi maisha yaliyojaa ushindi, yakionyesha upendo, furaha, na amani yako.

Ninakuomba, Mungu wangu:

- Nipe hekima ya kuona majaribu na nguvu za giza kabla hazijaniteka.
- Nipe nguvu ya kushinda changamoto za kila siku kwa imani na ujasiri.
- Unikumbushe kila siku kuwa mimi ni huru kweli kweli, kama ulivyoahidi katika Yohana 8:36: *"Kwa hiyo, Mwana akiwaweka huru, mtakuwa huru kweli kweli."*

Ninakukabidhi maisha yangu, mipango yangu, na kila kitu kilicho ndani yangu. Ninakutangaza kuwa Bwana wa maisha yangu, na natamani kuishi ndani ya mapenzi yako kila siku.

Nakushukuru kwa ushindi uliopo tayari kupitia Yesu Kristo. Naomba niwe nuru yako duniani, nikihimiza wengine kufurahia uhuru wa kiroho unaotoka kwako.

Katika jina la Yesu, aliyenipatia ushindi wa milele, ninaomba. **Amina.**

VIONGEZO

---

1. Orodha ya Maandiko ya Kuvunja Ngome

- **2 Wakorintho 10:3-5**: *"Kwa maana ingawa tunaenenda katika mwili, hatufanyi vita kwa jinsi ya mwili."*
- **Wagalatia 5:1**: *"Kwa ajili ya uhuru Kristo alitufungua; simameni basi, wala msifungwe tena na nira ya utumwa."*
- **Isaya 41:10**: *"Usiogope, kwa maana mimi ni pamoja nawe; usifadhaike, kwa maana mimi ni Mungu wako."*
- **Zaburi 91:1-2**: *"Akaaye mahali pa siri pake Aliye Juu, Atakaa katika uvuli wake Mwenyezi."*
- **Warumi 8:37**: *"Lakini katika mambo hayo yote tunashinda, na zaidi ya kushinda, kwa yeye aliyetupenda."*
- **Yohana 8:36**: *"Kwa hiyo, Mwana akiwaweka huru, mtakuwa huru kweli kweli."*
- **Isaya 54:17**: *"Silaha yoyote itakayofanyika kinyume nawe haitafanikiwa."*
- **Efe 6:10-18**: *"Vaeni silaha zote za Mungu, mpate kuweza kuzipinga hila za Shetani."*

- **Wafilipi 4:13**: *"Nayaweza mambo yote katika yeye anitiaye nguvu."*

---

2. Mifano ya Maombi ya Uhuru

a) Ombi la Kuvunja Ngome za Dhambi

"Ee Bwana, najisalimisha kwako. Nivunje kutoka katika minyororo ya dhambi inayojaribu kuniteka. Nipe nguvu zako za kushinda kila majaribu na unipe moyo wa utiifu kwako. Katika jina la Yesu, nimefunguliwa na nimekombolewa. Amina."

b) Ombi la Kushinda Hofu na Mashaka

"Baba wa mbinguni, naja mbele zako nikihitaji nguvu zako. Ninakataa hofu, mashaka, na wasiwasi kwa jina la Yesu. Najua kwamba wewe ni ngome yangu na kimbilio langu. Nipe amani yako na unijaze imani yako ya milele. Amina."

c) Ombi la Kurejeshwa kwa Uhuru wa Kiroho

"Mungu wa neema, unifanye huru kutokana na ngome zozote zinazozuia ukuaji wangu wa kiroho. Najisalimisha mbele yako na kuomba uwe mwanga wangu na mwokozi wangu. Nipe Roho wako Mtakatifu aniongoze kila siku. Katika jina la Yesu, Amina."

---

3. Rasilimali za Kujifunza Zaidi

- **Vitabu vya Maendeleo ya Kiroho:**
  - *"The Bondage Breaker"* na Neil T. Anderson
  - *"Victory Over the Darkness"* na Neil T. Anderson
  - *"Spiritual Warfare"* na Derek Prince
- **Masomo ya Biblia:**
  - Ephesians 6:10-18 (Silaha za Mungu)
  - Romans 12:2 (Kufanywa upya kwa akili)
  - Psalms 91 (Ulinzi wa Mungu)
- **Jukwaa la Mafundisho ya Kiroho:**
  - Semina za maombi katika makanisa ya ndani.
  - Video za mafundisho ya kiroho kwenye majukwaa kama YouTube.
- **Vitabu vya Kuombea:**
  - Maombi ya Waumini: *"The Power of a Praying Life"* na Stormie Omartian.
  - Maombi ya Vita vya Kiroho: *"Prayers That Rout Demons"* na John Eckhardt.

Kwa kutumia maandiko haya, maombi, na rasilimali, utaimarika kiroho na kuendelea kuishi katika uhuru ulio katika Kristo Yesu.

HITIMISHO

Mwongozo wa Kuishi Katika Uhuru Ulio Katika Kristo

Katika safari ya kiroho, kila Mkristo anakutana na ngome mbalimbali zinazoweza kuzuia kuishi maisha ya kujali na yenye amani. Kitabu hiki kimekuwa mwongozo wa kujifunza jinsi ya kukabiliana na ngome hizi, na kuziondoa kwa kutumia nguvu za Mungu na Neno lake. Kupitia zana za kivitendo, kanuni za kibiblia, na ushuhuda wa mabadiliko ya maisha, kitabu hiki kinatualika waumini wote kuwa na imani na ujasiri wa kuishi katika uhuru ambao Kristo ametupatia.

Kukabiliana na Ngome Zako

Ngome za kiroho hazipo peke yako; Mungu yupo pamoja nawe kila hatua ya safari yako. Katika sehemu zote za kitabu hiki, tumeshambulia njia mbalimbali za kukabiliana na ngome, ikiwa ni pamoja na sala, ibada, na kuamini. Tumefundishwa kwamba kumtegemea Mungu ni ufunguo wa kushinda changamoto na kupata amani ya ndani. Kama ilivyoandikwa katika **Wagalatia 5:1**, *"Kwa ajili ya uhuru Kristo alitufungua; simameni basi, wala msifungwe tena na nira ya utumwa,"* tumekuwa na ahadi kwamba kwa kumtegemea Mungu, tunaweza kushinda na kuishi katika uhuru wa kweli.

Kubadilisha Ngome na Kimbilio la Mungu

Katika sura za awali, tumeshirikiana na mifano ya kibiblia ya watu walioathiriwa na ngome na jinsi walivyoweza kutunza uwepo wa Mungu katika maisha yao. Kufanya Mungu kuwa kimbilio letu ni hatua muhimu ya kiroho ambayo inahitaji kujitolea na uaminifu. Mungu anatufundisha kuwa hatuwezi kuishi maisha ya uhuru bila kumtegemea, na tukiendelea kumwita Mungu katika kila jambo, tutapata nguvu ya kushinda na kuishi maisha yaliyojaa amani na furaha.

Maombi ya Mwisho ya Kujitoa

Katika sehemu ya mwisho ya kitabu hiki, tumeweka maombi ya kujitoa ambayo yatakuwezesha kumfanya Mungu kuwa kimbilio lako la kweli na nguvu katika kila hali ya maisha yako. Maombi haya yatakuongoza katika safari yako ya kiroho, yakikupa nguvu za kushinda ngome za kiroho na kuishi katika uhuru wa kweli ulio katika Kristo. Tukisimama imara kwa uaminifu wetu na kutegemea nguvu za Mungu, tutaendelea kupata ushindi wa kweli na kuishi maisha yaliyojaa amani na tumaini.

Ushuhuda wa Mabadiliko

Ushuhuda wa Paulo, Maria Magdalene, Petro, Ayubu, na mwizi msalabani umekuwa ushahidi wa nguvu za Mungu katika kubadilisha maisha na kuwapa waumini nguvu za kushinda changamoto. Ushuhuda huu unatuonyesha kwamba hakuna aliye mbali sana na neema ya Mungu, na kwamba yeye anaweza kubadilisha maisha ya mtu yeyote kutoka ndani na kutupa nguvu za kushinda ngome za kiroho.

Kuendelea Katika Safari ya Uhuru

Safari ya kuishi katika uhuru wa Kristo inaendelea kila siku, na inahitaji ujasiri, uvumilivu, na imani ya dhati. Kwa kutumia zana na kanuni zilizotolewa katika kitabu hiki, pamoja na kuishi katika uhuru alioutoa Kristo, tunapata uwezo wa kushinda ngome za kiroho na kuishi maisha ya ushindi na amani ya kweli. Mungu anatupatia nguvu za kumwamini, kumtegemea, na kuishi kwa utii katika kila jambo, tukijua kwamba yeye ni mwokozi wetu na kimbilio letu la kweli.

Kuwa Msaada kwa Wengine

Hatimaye, tunaitwa kuwa chanzo cha faraja na msaada kwa waumini wenzetu. Tunaposhirikiana katika mizigo na maombi, tunatimiza sheria ya Kristo na kujenga jamii ya waumini yenye nguvu. Ushuhuda wetu na msaada wetu kwa wengine unaweza kuwa nuru inayowatia watu wengine moyo wa kumwamini Mungu na kuishi katika uhuru wa kweli.

Amina

Katika jina la Yesu Kristo, aliyekuwezesha kuishi katika uhuru na ushindi, tunakuomba uendelee kutupatia nguvu na imani ya kudumu. Tunapojenga maisha yetu kwa kuitegemea Mungu, tukisimama imara katika ahadi zake, na kushirikiana na waumini wengine, tutapata nguvu za kushinda na kuishi katika uhuru wa kweli ulio katika Kristo. Tunapokamilisha kitabu hiki, tunakutakia safari ya kiroho yenye mafanikio, amani, na ushindi wa milele kupitia Yesu Kristo. **Amina.**

Shalom

Dr. Maxwell Shimba

Shimba Theological Institute